Serie Interespecies

Segundo libro de la serie «Interespecies», dirigida por Jorge Carrión, que se propone abordar las claves culturales, sociológicas, tecnológicas y científicas de nuestra época.

Títulos publicados:

Solo quedamos nosotros, Jaime Rodríguez Z.

En preparación:

Las nuevas leyes de la robótica. En defensa del Expertizaje humano en la era de la Inteligencia Artificial, Frank Pasquale
Algoritmos predictivos. Poder, ilusión y fe, Helga Nowotny

REINALDO LADDAGA

Atlas del eclipse

Galaxia Gutenberg

Publicado por
Galaxia Gutenberg, S.L.
Av. Diagonal, 361, 2.º 1.ª
08037-Barcelona
info@galaxiagutenberg.com
www.galaxiagutenberg.com

Primera edición: mayo de 2022

Preimpresión: Maria Garcia
Impresión y encuadernación: Romanyà-Valls
Pl. Verdaguer, 1 Capellades-Barcelona
Depósito legal: B 145-2022
ISBN: 978-84-18807-96-1

Índice

La fatiga

Un desfile de animales en mortaja. Los síntomas de la enferme-
dad. Aparición inesperada de Edgar Allan Poe. Nueva York es-
quelética. La ausencia del Estado. Cartografía de la transmisión.

Hace poco leí un curioso *paper* publicado por un equipo de psi-
cólogos de Harvard y de la Universidad de Carolina del Norte.
Los profesores Daniel Wegner, T. Anne Knickman y Kurt Gray
introducen su trabajo con esta tajante afirmación: «Los muertos
adquieren una cierta presencia en nuestras percepciones y pensamientos: los imaginamos como fantasmas, como memorias,
como residentes del cielo o el infierno. Pero al parecer la mayor
parte de nosotros siente que los individuos sumidos en estados
de coma persistentes son entes desprovistos por completo de
presencia: meros cuerpos que carecen de toda capacidad psíqui-
ca, preservados solamente por las máquinas. El contraste nos
sugiere que los vivos tienden paradójicamente a suponer que
aquellos que residen en esa región biológica intermedia, al disponer de menos poderes mentales que los cadáveres, están más
muertos que los muertos». Por supuesto, me dije al leer este párrafo: es así. Pero no pensaba en los humanos que persisten en
tal infortunada condición, sino en la ciudad de Nueva York durante los primeros meses del año 2020.
     Como les habrá pasado a ustedes, he visitado varias ruinas de
ciudades antiguas y pueblos industriales antes prósperos y ahora
abandonados. Estos sitios nos fascinan porque la muerte que un
día les tocó no ha podido acallar las resonancias que atraviesan
sus vacíos. Pero nada resonaba en el aire tieso y rígido de la Nue-

va York de la pandemia; y si atisbábamos algún bulto moviéndose frente a los palacios de hielo de Wall Street o una ronda de siluetas celebrando viejos festivales en las pantallas de una tienda no pensábamos en esos solemnes espectros de las leyendas que punzan con el alfiler de su mirada nuestros terrores más ocultos, sino en los monigotes de cartón que nos confrontan en los trenes fantasma de los parques. Hay una gravidez propia de las arquitecturas que sus habitantes hace tiempo han desertado, pero Nueva York era una criatura tan famélica y tumbada que nos costaba recordar que había sido capaz de animarse, de vibrar. La luz tajante de la primavera nos dejaba verle el esqueleto, y el esqueleto era un montaje de huesos de varios animales, unidos por grampas y cordones, colgando de una viga entre las chapas de un galpón en un embarcadero incógnito: estaba más muerta que los muertos.

Esto fue lo que sentí en el curso de los cien días que mediaron entre la noche de febrero de 2020 en que contraje el Coronavirus y principios de junio, cuando la ciudad fue alcanzada por la marejada antirracista provocada por el asesinato de George Floyd. Las manifestaciones comenzaron en Mineápolis y enseguida se expandieron por todo el territorio del país, ignorando cuarentenas, ordenanzas y vallados. Veinticinco millones de personas marcharon en dos mil ciudades, y en nuestro municipio, a pesar del toque de queda y la amenaza del virus, una multitud de protestas y saqueos que se prolongaron por más de una semana le puso un punto final a la fase crítica de la debacle. La rabia que saturó el espacio público hizo emerger de su letargo a la criatura, que entonces se puso a andar de nuevo, aunque al principio de manera tentativa. Los propietarios de las tiendas mandaron a cubrir con tablones sus vidrieras para frenar el embate de los saqueadores; en los parques proliferaron los santuarios dedicados a los muertos por la policía; las comisarías se llenaron hasta el tope de activistas arrestados. A los vecinos que llevaban meses esperando que algún funcionario les dijera que era hora de salir, que el peligro había pasado, los sacó a la calle el estallido, y a muchos de ellos no hubo modo de forzarlos a volver a sus refugios. Así ocurrió el desenlace del eclipse. Ahora, un año después, parece que la ciudad hubiera recobrado su vigor, pero ya no le damos el mismo crédito que antes a su constante vanagloria.

Y mirando las imágenes de piras funerarias en la India y clínicas improvisadas con palos y telas en Brasil recordamos que durante cien días Nueva York fue el vórtice puntual del torbellino, la colonia más grande de infectados, el centro mundial de la pandemia. Aunque decir «Nueva York» es generalizar en exceso: un puñado de áreas pobres de Brooklyn, Queens y el Bronx acumulaban el grueso de los casos. El resto era el dominio despoblado a través del cual en esos días choferes nepaleses o haitianos y mis piernas me llevaron (pronto les diré por qué razón) a los sitios de las escenas más traumáticas: los camiones refrigeradores donde guardábamos a los difuntos que, de tantos que eran, no teníamos ya dónde enterrar; las morgues temporarias donde aplicábamos a los cadáveres las técnicas que en tiempos mejores empleamos para la conservación de los alimentos; los portones de emergencia de los hospitales, donde vertiginosos enfermeros envueltos en capas múltiples de plástico empujaban camillas traqueteantes; los portales silenciosos de los asilos de ancianos que nadie podía visitar; los barrios donde viven los que cuidan a los ancianos, los que empujan las camillas, los que conducen los camiones, los que recogen la basura, los que limpian, los que curan, los «trabajadores esenciales» que seguían en la calle mientras el resto de la ciudadanía se encerraba.

La infinidad de libros, artículos, películas, guías turísticas y enciclopedias que detallan las imágenes del Nueva York que conocemos (la ciudad del comercio estrepitoso, del arte de vanguardia, de la experimentación en las prácticas sexuales, de las épicas acciones de los *gangs* y la *maffia*, de los museos, los monumentos, los hoteles, los parques) no dicen casi nada de los sitios que yo visitaba siguiendo el curso torrencial del virus y el de los humanos que intentaban evadir o controlar su arrastre. Es razonable: ¿a quién se le ocurre ir a la brumosa periferia de Queens y el Bronx, donde no hay residencias memorables ni sublimes templos, donde no hay, a veces, nada más que calles de veredas fracturadas, iglesias pequeñas como tiendas de zapatero y complejos de edificios cuyos bloques parecen caídos del firmamento inhabitable? ¿Para qué va uno a ir a esos lugares poblados sobre todo por ancianos que cruzan plazas que su presencia hace crecer hasta las dimensiones de un desierto, adictos congelados en ademanes de éxtasis o asombro, vagabundos desprovistos de sus refugios habituales y sobre todo la nación abigarrada de los pobres, que con la mayor frecuencia son hispanos de varias procedencias, afroamericanos y gente del Caribe, hombres y mujeres de Nicaragua y Ghana? Habiendo tanto para descubrir en la isla de Manhattan, la principal de este archipiélago, ¿para qué molestarse en visitar las otras islas, penínsulas y playas?

Y sin embargo, mientras la enfermedad iba girando el feroz torno de la primavera, fui a esos sitios siguiendo la fuerza de un impulso que me hacía caminar con una determinación tan evidente que quien me hubiera visto podría haber pensado que yo sabía cuál era mi destino. Pero estaría equivocado. ¿Por qué se me dio por pasarme meses recorriendo la ciudad? ¿Qué misión pensaba que cumplía? ¿Qué recompensa recóndita buscaba? Quizá pueda averiguarlo (y se los diga) si me conceden la paciencia de esperar hasta que termine la escritura de este libro que empecé de golpe y sin querer. Y hasta entonces, vean si puede entretenerlos la crónica de mis excursiones dentro del perímetro de este municipio despiadado, viajes que realizaba en compañía imaginaria de nuestro vecino del pasado, mi obsesión de esos días, el indigente literato Edgar Allan Poe, cuyos escritos me sirvieron como lentes para escrutar mejor lo que veía y protegerme de resplandores repentinos.

Pero antes permítanme que les muestre la última fotografía que tomé en el umbral mismo de marzo, antes de que Nueva York se detuviera: una procesión de animales inmóviles envueltos en un material inmaculado. Tomé la fotografía (como el resto de las que verán en este libro) con el teléfono que acababa de comprar, y cuya capacidad de corregir los temblores y defectos causados por mi incompetencia me había provocado un entusiasmo por la práctica que nunca había tenido. No esperaba encontrar un desfile de momias semejantes en ese sendero del Zoológico del Bronx, que había ido a visitar con el único objeto de observar el pabellón que aloja a las serpientes, edificado a finales del siglo XIX por albañiles y artesanos italianos entre los cuales, suponía yo, estaban algunos miembros de la rama de mi familia que escogió quedarse aquí en lugar de seguir, como mis bisabuelos, en dirección de la Argentina. En la atmósfera confusa de esos días, cuando ya se veía lo infundado de nuestra esperanza en que la peste nos eximiría de su azote, estas criaturas me resultaban presagios ominosos. Y para distraerme de la incipiente angustia me entretuve con la idea de que los volúmenes que las vendas ocultaban no eran réplicas de osos, chimpancés, cebras y flamencos sino ejemplares de pelo, músculo y hueso que un desastre oscuro hubiera fulminado en medio de alguna de sus acciones rutinarias, como les pasó a los habitantes de Pompeya y Herculano tras la erupción del Vesubio, y que los piadosos empleados del zoológico les habían improvisado esas mortajas para que esperaran abrigados el momento en que los funcionarios del trasmundo dictaminaran qué destino merecían. Por el momento, residían en el Limbo.

Unas horas más tarde el fulminado por un oscuro desastre era yo. Los padecimientos que experimenté los primeros días de la enfermedad no figuraban en la breve lista de síntomas canónicos que se publicaba por entonces. Yo no tenía ni tos, ni fiebre, ni dificultades respiratorias graves. Pero sufría dolores muy intensos en cada minuciosa nervadura de cada músculo, cada tejido, cada hueso. Era como si un espíritu perverso me hubiera envuelto a mí también con una malla elástica que fuera retorciendo para oprimirme cada hora un poco más. El dolor se extendía de manera tan ecuánime y global por todo el cuerpo que pronto había perdido la impresión de ser una estructura de partes diferentes, una colección más o menos bien articulada de miembros y órganos: me había vuelto un solo tronco en carne expuesta. Esta experiencia de desorganización, asociada a la sensación de que algo o alguien me envolvía de manera cada vez más hermética, me inducía a pensar (si es que «pensar» es la palabra) que estaba transitando en inverso sentido aquel trayecto de los seres vivos que pasan de la forma larvaria a la crisálida antes de convertirse en una entidad capaz de decidir su recorrido singular en el agua o la tierra.

Y así me iba absorbiendo un vórtice en cuyo centro imperaba una calma tiránica, chicha y sofocante. Si no han experimentado en carne propia la fatiga que el Coronavirus puede provocar dudo que sean capaces de formarse una idea. Yo jamás había sentido un eclipse semejante. Era volverse un muñeco inflable cuando le quitan el poco aire que contiene. Era no poder levantarse ni para ir al baño, a pesar de la diarrea que los expertos al principio no reconocían como típica del mal. Y encima no era fácil distraerse de la horrible condición: mi capacidad de atención fue siempre inestable, pero ahora la perspectiva de trasponer una interminable página de libro o transcurrir la eternidad de diez minutos frente a la pantalla del televisor me parecía requerir una soberbia desmesurada e insensata. No podía hablar sin agitarme y tener que parar a la tercera frase. Y con la pérdida de la capacidad de hablar se me fue yendo la de pensar: la impresión que todos tenemos de ser alguien o algo en el centro de una escena atravesada por objetos, animales, árboles, personas y toda la demás parafernalia del obstinado mundo se producía de manera apenas intermitente.

La tos, la constricción pulmonar y la fiebre vinieron más tarde, y cuando llegaron me convencí de que, después de todo, me había pasado aquello de lo cual la fortuna había eximido a mi familia y a mis amigos: me había enfermado de Covid-19.

Pero al principio la ausencia de esos síntomas me había llevado a creer que mi dolor y mi desmayo tenían un origen psicológico: eran –creí– la consecuencia somática de la intensa claustrofobia a la que soy propenso y que me fue inculcada, en todas sus exquisitas variaciones, por mi madre. La forma más intensa de esta fobia es el terror de ser enterrado vivo. Durante las semanas de postración recordaba la insistencia con la que mi madre repetía su demanda de que cuando se muriera la cremáramos; en su cama postrera de hospital, capturada en una red inmensa de tubos y cables, seguía balbuceando sus historias de mujeres catalépticas que recobraban la conciencia en cajones metidos bajo tierra o en criptas selladas con cemento. Algunas de estas historias provenían de un cuento de Edgar Allan Poe («El entierro prematuro») cuya lectura de muy niño me causaba el horror más intenso que haya experimentado, pero la cualidad específica del espanto que le provocaban a ella se debía, en gran medida, a la experiencia de una tía. A esta mujer le habían administrado anestesia general rumbo al quirófano, donde iban a operarla no recuerdo de qué; la anestesia anuló su capacidad de moverse y comunicarse, pero no la de sentir, así que tuvo que soportar la operación en carne viva, experimentando un sufrimiento que me resulta intolerable imaginar. Mis propios padecimientos de marzo, junto a mi creencia inicial en su naturaleza psicosomática, me indujeron recuerdos fragmentarios de aquellas historias, y para refrescarme la memoria volví a leer aquel curioso texto que Poe publicó en 1844 con la satisfacción adicional de saber que había sido escrito en el punto exacto de la ciudad donde yo lo leía, durante los pocos meses en que, a los treinta y cuatro años de su edad, el escritor estableció su residencia, junto con su esposa Virginia (que estaba tan enferma como siempre) y la señora Clemm, su tía (la

15

progenitora de su esposa, que resultaba ser su prima), en dos habitaciones de una granja que ocupaba el terreno donde tres cuartos de siglo más tarde construyeron el edificio donde vivo.

El narrador de este relato sostiene, con toda razón, que ser enterrado vivo es el más espantoso de todos los destinos que pueden caberle a un ser humano, y agrega que no debiéramos dudar de que pasa todo el tiempo. Esta opinión no era particularmente original: la convicción de que los entierros en vida eran frecuentes proliferaba en las ciudades de Europa y América en el siglo XIX, y era continuamente alimentada por las publicaciones sensacionalistas de las cuales Poe tomaba muchos de sus temas. Pero siempre les daba un giro original, como cuando escribe, en «El entierro prematuro», que «las fronteras que separan la Vida de la Muerte son, en el mejor de los casos, nebulosas y vagas. ¿Quién puede decir con certidumbre dónde termina una y la otra empieza? Sabemos que hay enfermedades que provocan el cese total de todas las funciones aparentes de la vitalidad, pero se trata en verdad de meras suspensiones. Son apenas pausas temporarias en el incomprensible mecanismo. Después de un cierto intervalo un principio misterioso e invisible pone de nuevo en movimiento los mágicos piñones y las ruedas hechizadas. La cuerda de plata no se ha soltado para siempre, ni el cuenco de oro se rompió de manera irreparable. Pero ¿dónde, mientras tanto, estuvo el alma?». En efecto, ¿dónde, mientras tanto, estuvo el alma? ¿Es que algo en nosotros subsiste cuando los resortes del cuerpo han perdido por completo su tensión? Si es así, ¿qué forma tiene? ¿Sobre qué se apoya? ¿De qué se alimenta? Y ¿es cierto que las fronteras que dividen la Vida de la Muerte son oscuras y vagas, más bien que tajantes y precisas?

Estas preguntas me ocupaban mal las horas en que la fatiga me ponía al borde de aquella puesta en pausa de las funciones aparentes de la vitalidad. También nuestro gobernador empleaba aquel término que Poe favorecía. «Nueva York está en pausa», repetía durante las conferencias de prensa que daba todas las tardes para describir el progreso de la enfermedad, cuya ola iba creciendo, saturando de víctimas los hospitales y de cadáveres los establecimientos de pompas fúnebres. El 22 de marzo,

Andrew Cuomo, el susodicho gobernador, promulgó la ordenanza ejecutiva titulada «El Estado de Nueva York en PAUSA», ordenanza que decretaba el cierre inmediato de todos los negocios que no fueran esenciales, la cancelación de todas las fiestas, celebraciones laicas o religiosas y las reuniones en espacios públicos de toda naturaleza; que solicitaba que los ciudadanos nos mantuviéramos a un par de metros de distancia unos de otros y empleáramos todo lo que pudiéramos los desinfectantes y las máscaras; que nos ordenaba que limitáramos nuestras actividades recreativas en las calles y los parques a aquellas que no demandaran el contacto con nuestros vecinos, y que si estábamos enfermos no saliéramos de casa para nada. Y así fue: los negocios cerraron, excepto por los supermercados, las farmacias y algunas otras ramas del comercio donde se respiraba una atmósfera de debacle. Ciertamente entre nosotros no imperaba una ley tan rigurosa como en otras partes del planeta, donde los ciudadanos estaban estrictamente confinados, bajo pena de multa, en sus domicilios. En Nueva York los que se habían quedado en la ciudad (porque una parte considerable de la población de los barrios más pudientes se había fugado, en busca de tierras más amables) salían todavía a caminar por las calmas avenidas, a correr por los desiertos parques, a hacer las compras en las tristes tiendas, a disfrutar la limpidez del aire transparente como nunca.

Esos días de marzo, cuando yo iba resistiendo lo mejor que podía la fase más violenta del embate sin ser capaz de otro ejercicio de la atención que seguir los informes de la calamidad en curso y leer la obra multiforme de Edgar Allan Poe, adquiría una nueva resonancia un aspecto de la obra del viejo Maestro que no había percibido en la niñez, cuando yo era el mayor de sus devotos: el hecho de que prácticamente todos sus escritos tienen en su centro alguna de las figuras de –permítanme que le conceda a la palabra el honor de la mayúscula– la Pausa. «La caída de la Mansión de Usher», «El pozo y el péndulo», «La máscara de la Muerte Roja», «Los hechos del caso del señor Valdemar»: todos estos relatos venerables suceden en el dominio intermedio entre la vida y la muerte, entre la vigilia y el sueño (que para el escritor eran formas de lo mismo). Por esa razón me pareció apropiado e instructivo seguir leyendo estos escritos que no había frecuentado en décadas. Decidí hacerlo de manera sistemática y comencé por el principio: por un ambicioso, extenso poema llamado «Al Aaraaf», compuesto cuando su autor tenía sólo quince años y publicado cuando recién había cumplido diecinueve. Por entonces estudiaba en la academia militar de West Point y empezaba a especular con la posibilidad de vivir de su escritura en un lugar y un tiempo en que poquísimos lo hacían: así este huérfano de un matrimonio de actores fue formando un proyecto que resultó en una vida itinerante y transcurrida en la miseria, empeorada por la tuberculosis terminal que sufrió durante años su adolescente esposa y su crónico alcoholismo pendenciero.

«Al Aaraaf» cuenta la historia de la resistencia que ofrecen en el mundo de los muertos el artista Michelangelo y su amante Ligeia a la orden transmitida desde el Cielo por un ángel de salir a proclamar la gloria de Dios. La narración es agresivamente hermética, y su desarrollo queda truncado en espera de un final que el poeta anuncia pero no presenta, de modo que sus lectores permanecemos irreversiblemente suspendidos entre la impresión de que allí hay un sentido y la sospecha de su ausencia, y no podemos decidir si, del significado que todo texto postula, este es su rostro, su máscara o su velo. En la primera edición, que data de 1829, el autor define de este modo el sitio donde suceden las acciones: «Se supone que Al Aaraaf, que los árabes consideraban un intermedio entre el Cielo y el Infierno, está localizado en la célebre estrella descubierta por Tycho Brahe, que irrumpió una noche a los ojos del mundo y desapareció de manera igualmente súbita». No dice lo que los historiadores sospechan: que descubrió esta figura en una traducción al inglés del Corán realizada por George Sale y publicada en 1734, en cuyo prefacio el traductor dice del sitio que «lo llaman al Orf, y más frecuentemente emplean el plural, al Ârâf, una palabra derivada del verbo *arafa*, que significa distinguir entre las cosas o separarlas»; y a continuación agrega que los eruditos islámicos tienen opiniones muy diversas respecto a quiénes tienen los atributos necesarios para residir allí: «Algunos imaginan que es una suerte de limbo para los patriarcas y profetas, o para los mártires o los que poseen la más eminente santidad, entre los cuales se cuentan ángeles con la forma de hombres. Otros sitúan allí a todos aquellos cuyas obras buenas y malas son tan equivalentes que la balanza entre unas y otras no se inclina en ninguna dirección, por lo cual no merecen ni recompensa ni castigo».

De modo que la trayectoria de la obra de Poe comienza en los versos de un poema que recurre, como escenografía, a una versión árabe del Limbo, y en un limbo semejante concluye un par de décadas más tarde, como en su momento lo veremos. Como los personajes de su fábula, el escritor no cedió nunca a las incitaciones de ángeles o demonios que, bajo la forma de parientes, amigos y editores, habrían querido que su imaginación dejara de moverse hacia ese terreno intermedio entre la residencia de los muertos meritorios y la cárcel donde se pudren los perversos, pero él permaneció plantado en una «pausa temporaria en el incomprensible mecanismo». En un ensayo que consulté esos días, T. S. Eliot, cuya actitud hacia Poe era muy ambivalente, consignaba su convicción de que «Poe tenía un intelecto poderoso... pero me parece ser el intelecto de una persona joven muy dotada antes de alcanzar la pubertad». Su curiosidad, pensaba, propende a detenerse en los fenómenos usualmente atractivos para «una mentalidad pre-adolescente», y lamentaba que si «la variedad y el ardor de su curiosidad deleitan y deslumbran... al final la excentricidad y falta de coherencia de sus intereses fatigan». Lo que falta en la trayectoria de Poe, según Eliot, es «una perspectiva consistente de la vida», y su intelecto, siempre atraído por incesantes novedades y generando ideas sin espesor ni desarrollo, nunca adquirió la profundidad «que viene solamente con la madurez del hombre en su conjunto, el desarrollo y la coordinación de sus diversas emociones». El diagnóstico último es tajante: «la obra de Poe es la que uno debiera esperar de un hombre que posee una mente y una sensibilidad extraordinarias, y cuyo desarrollo emocional en ciertos aspectos se detuvo en una edad temprana».

Es posible, pensaba yo, es posible que los textos de Edgar Allan Poe fueran signos emitidos desde un estadio intermedio del desarrollo humano, que fueran el resultado de un proceso puesto permanentemente en pausa, que la vida de esta obra fuera meramente larvaria, pero esto mismo me hacía leerlo con más curiosidad todavía. Como es natural, me detenía en particular en los escritos que tenían entierros prematuros en su centro. No me llevó mucho tiempo identificar la primera versión en el *corpus* de esta escena constante. Si me permiten, voy a dedicarle un par de párrafos a este escrito: un relato llamado «Pérdida del aliento» («de la respiración», «del aire»), cuyo título me pareció particularmente sugestivo en un momento en que la pérdida en cuestión nos afectaba a tantos de nosotros, y algunos nos moríamos de eso. Debo haber leído este texto de niño, pero expurgado: entre la primera publicación en 1835 y la última revisión autorizada por el autor, en 1846 (revisión que ediciones subsecuentes reimprimen), una sección entera del texto fue eliminada. No es difícil imaginar el motivo: el relato en su primera versión es de una extrañeza radical. No me refiero a la extrañeza familiar a los lectores de los relatos góticos de Poe, que él solía llamar «arabescos» para diferenciarlos de los «grotescos», donde lo cómico predomina. El prestigio que el escritor terminó por obtener se debe sobre todo a los primeros, lo que ha llevado al olvido parcial de las fantasmagorías hilarantes que componía con más gusto que sus fábulas sombrías. Pero a veces los registros se le mezclaban, y «Pérdida del aliento» asocia las dos modalidades en un engendro abrupto y oscilante.

En el comienzo del relato, un cierto señor Faltadealiento, en medio de una pelea con su esposa, descubre que ha perdido el aire, no en el sentido figurado de la expresión sino literalmente: lo ha extraviado. Trata de encontrarlo en cuartos, armarios y cajones. Mientras tanto se pregunta hasta qué punto el incidente ha afectado sus poderes y en qué consiste este estado en que se encuentra: «vivo, con las cualidades de lo muerto – muerto, con las propensiones de lo vivo – una anomalía sobre la faz de la tierra – muy tranquilo, pero sin respirar». Descubre que puede hablar gracias a «una cierta espasmódica acción de los músculos de la garganta», y así nos cuenta sus tempestuosas aventuras, que comienzan cuando un hombre obeso lo aplasta y un carro lo pisa, siguen cuando un cirujano lo mutila y un apotecario lo electrocuta en beneficio de la ciencia y rematan cuando un verdugo, por error, lo cuelga. Al final del estrepitoso recorrido su condición es semejante a la de aquellos desdichados que han caído en un estado de coma persistente. Ni la mesa de disección ni el patíbulo lo perturban demasiado, pero la horca le produce un leve dolor y la audición agradable de un sonido que compara con el repicar de enormes campanas, el batir de miles de tambores y el «grave, triste murmullo del mar».

El texto pasa en movimiento pendular de la comedia de enredos y la sátira de médicos, funcionarios y curanderos al relato místico del viaje por las arenas movedizas que se extienden entre la vida y su contrario, trayecto cuyas fases el narrador se pone de inmediato a describir. Empieza, mientras cuelga de la horca, por notar que su mente no deja de incurrir en distorsiones que, disociado en parte de ella, el narrador observa con un placer extraordinario. Y la memoria se le ha vuelto tan exacta como la del Ireneo Funes de Borges: puede percibir de la manera más palpable cada ladrillo minucioso de la casa donde nació, cada árbol del bosque donde cazaba de niño, cada calle de cada ciudad y cada línea de cada libro. La experiencia, dice, es semejante a la del opio o el hachís, y al ver las cabezas del público que ha asistido a su ejecución desde el torbellino de su lucidez siente por ellos una profunda compasión, pero pronto los pierde de vista y se entrega a un ejercicio de meditación en cuyo curso irrumpe en el campo de su mente «una tempestad de ideas, vastas, nuevas, estremecedoras», desatando oleadas de concepciones que se arraciman y rompen hasta que la cuerda se corta, y el cuerpo cae al suelo del patíbulo.

La caída le parece al narrador un incidente inofensivo que le sucediera a otra persona, pero es más sombría la experiencia que tiene en el recinto donde lo dejan a esperar la hora de enterrarlo. Es un cuarto pequeño y lleno de trastos, pero a él le parece que contuviera el universo entero, y pronto siente que su cuerpo se extendiera hacia todos los objetos e incluso (incomprensiblemente) a todos los *sentimientos,* aunque esta impresión de inmensidad se combina con la desaparición de la sensación del propio peso, como si fuera un nadador que no consigue mantenerse en la profundidad de una corriente, y la incongruencia le causa una muda carcajada. La misma despreocupación e idéntica euforia experimenta el narrador cuando, metido en su ataúd, en el carruaje que lo conduce al cementerio, los letárgicos sentidos adquieren un grado inusual de agudeza y le revelan, a él que se cree ya difunto, el agitarse de las plumas que adornan los arneses, los susurros de los palafreneros, el resoplido de los caballos, el olor del metal de los clavos que aseguran su encierro, la textura de la mortaja, las variaciones rápidas de luz y sombra que producen los cambios de dirección, el apoyarse del cajón en la bóveda colectiva que le han asignado, donde cae en un profundo sueño.

Lo imagino en un pabellón del cementerio de Greenwood, en Brooklyn, el más extenso y célebre de la ciudad, donde muchas de las tumbas fueron construidas en las décadas centrales del siglo xix, un período en que entraba en su fase más aguda una epidemia de terror al entierro prematuro que movió a los fabricantes de sepulcros a ofrecerles a los vecinos más pudientes túmulos amplios, excavados en colinas y dotados de botones y resortes que le permitieran al cataléptico que allí se despertara abrir todos los portales y volver al universo de los vivos. Algunas de ellas están dedicadas a individuos o familias, pero otras contienen pequeños cuartos como celdas que se alinean a lo largo de un pasillo, dotado cada uno de un tragaluz acristalado que deja caer sobre los aislados ataúdes la luz del sol y el resplandor de las estrellas y la luna. Lo imagino saliendo del ámbito estrecho donde pasa el tiempo de la Pausa, libre –nos dice– del calambre de la muerte pero no de la realidad del hambre, la sed y, sobre todo, el tedio que lo lleva a descerrajar los ataúdes de sus vecinos. El primero es la carcaza rotunda de un hombre que –según conjetura– habrá sido incapaz de realizar la menor pirueta y menos todavía de ascender una colina o campanario; cuyos sueños habrán sido hostigados por imágenes de asfixia; un hombre sin aire, fallecido cuando trataba de fumar, incapaz de concebir que nadie ejecutara instrumentos de viento, inventor de abanicos capaces de moverse por sí mismos, velas de navío y respiradores. Para este hombre, la falta de aliento fue congénita. El segundo vecino de tumba es su reverso: se trata de un hombre delgadísimo y muy alto, estudioso de las sombras, especialista en la ciencia de los vientos, intérprete de gaita, muerto por haber inhalado demasiado gas. Este hombre, cuyo aliento es excesivo, es capaz de atraer el de los otros. De hecho, se ha quedado, sin saberlo, con el aliento que el narrador había perdido; como no le hace falta, lo devuelve y se ponen a los gritos, hasta que vienen a rescatarlos.

Y así termina este curioso relato que mezcla no sólo la tragedia y la comedia, el horror y el ridículo, sino todo eso y algo que se parece a la filosofía en su modalidad más mística, y no tanto a la manera de una pulida síntesis, sino yendo de un lado para el otro, por así decirlo, a los bandazos. Los editores le habrán dicho que no se podía armar un monigote como ese, que así no había modo de encontrarle lectores. Y como Poe quería ver si era posible vivir de la literatura pulió el relato para su edición definitiva y le dio una cierta consistencia al tono, manteniendo lo cómico y desechando casi todo el resto. Pero no solucionó nada: su vida siguió moviéndose precisamente a los bandazos, de mudanza en mudanza, de hambre en hambre, de borrachera en borrachera. Moviéndose tan a los bandazos –pensé– como esos muñecos de tela o plástico que se usan como anuncios de puestos de comida y talleres de reparación en el borde de la ruta, criaturas tubulares e impelidas por tiránicos ventiladores que llevan adheridos en su base y les imponen una vida de interminable exultación, frívolos seres que en un momento parece que estuvieran crispados de dolor y en el siguiente arrebatados de placer, de modo que nos cuesta decidir si celebran o resisten el embate de la mecánica tempestad que los hostiga.

Pero tanto el relato de Poe como la evocación de esos monigotes tomaban una connotación siniestra ahora que tantos de nuestros semejantes se mantenían apenas vivos gracias a los aparatos que les permitían seguir respirando cuando los pulmones colapsaban. Las imágenes de los centros de salud que recibíamos eran pocas, pero yo durante esas semanas tuve una pesadilla recurrente en la cual cierto sanatorio era un paraje borroso y habitado por seres humanos que se manifestaban en su forma más elemental, como estructuras de conductos entrecerrados o entreabiertos que se empalmaban a tubos conductores de un gas que llegaba al portón del establecimiento en los camiones bomba de empresas que lo habían recogido en colonias de silos donde lo fabricaban seres más elementales, tan ignorantes del destino de sus productos como los gusanos de seda del empleo de sus hebras. Y en la vigilia me resultaba difícil leer los informes que recibíamos de los institutos sin advertir que la multiplicación de los umbrales de existencia convertía en evidente lo que usualmente ignoramos aquellos que no somos parte del universo médico (o devotos de Poe): que la muerte ha perdido su obviedad, que hay una cantidad siempre creciente de casos donde su distinción con la vida es incierta, donde nuestros criterios son insuficientes y abiertos a revisión, de manera que no deja ni por un segundo de expandirse el limbo ocupado por individuos cuyo estatuto nuestra ciencia no es capaz de determinar de manera inequívoca. Como cada vez sabemos menos qué cosa es la vida, dejamos de saber con certeza qué es la muerte.

Y ahora nos abrumaba el ataque del nuevo Coronavirus, que, como todas las variedades de su especie –en los términos del profesor Arnold J. Levine, autor de una prestigiosa introducción a la teoría de los virus– «pueblan el mundo entre lo vivo y lo no vivo, las moléculas que pueden duplicarse y las que no».

Como los vivientes en sentido estricto, son portadores de información genética; pero a diferencia de un ser humano, un vegetal o una bacteria, no poseen el mecanismo necesario para decodificar la información y engendrar réplicas de sí. Por eso usurpan las máquinas de nuestras células, en cuyo interior se reproducen causando los estragos que todos conocemos. Y la palabra misma pareciera perfectamente justa para designar una forma de existencia pendular e intermitente. Virus, en latín, tiene significados en apariencia contradictorios: designa tanto el semen de los hombres como el veneno de escorpiones y serpientes, la savia de las plantas y, tal vez por extensión, los fluidos pegajosos. Se han propuesto diversas conjeturas sobre la formación de este término. Algunos lo vinculan a la palabra vir, que nombra al individuo del género masculino, le atribuyen como raíz un antecesor lingüístico indoeuropeo que designaba un bastón, un palo, una rama, y sostienen que deberíamos asumir que es la connotación fálica la que condujo a vir, y que la asociación con la serpiente se debe a la identificación de esta criatura como un bastón que ha cobrado vida (la Biblia registra esta figura en un pasaje crucial, cuando Moisés recibe de Yahvé la capacidad de transformar en serpiente su bastón). Pero otros prefieren la más razonable explicación según la cual proviene de un conjetural verbo indoeuropeo que significaba «fundirse» o «fluir» y se empleaba para referirse al modo de expandirse del hedor, tan característico de las sustancias que se descomponen.

Durante las semanas más intensas de la enfermedad, cuando aquella descripción de sí mismo que ofrece el narrador del relato de Poe («vivo, con las cualidades de lo muerto – muerto, con las propensiones de lo vivo – una anomalía sobre la faz de la tierra – muy tranquilo, pero sin respirar») me resultaba irresistiblemente elocuente, y el mundo, habiendo perdido para mí la compacidad y estabilidad que sólo nuestras facultades le atribuyen, era la escena de alteraciones de carácter repentinas, un teatro menos de personas y objetos que de atmósferas, estas especulaciones y lecturas me resultaban terapéuticas: gracias a ellas pude mantener a raya el miedo hasta que un día la doctora con quien había logrado establecer una breve videoconferencia (mi caso, aunque severo, no era letal, y en esos días los hospitales y los consultorios se negaban a recibir a quien no estuviera en riesgo de morirse) me dijo que sin duda lo peor de la crisis había pasado y agregó que probablemente ya no tuviera la capacidad de contagiar a otros. Esto sucedió el día en que recibí una invitación del periódico *Clarín*, de Buenos Aires, a escribir una crónica de la vida bajo la cuarentena en la ciudad. Mi primera reacción fue disculparme y aclarar que yo, habiéndome pasado las últimas semanas muy aislado, no tenía la menor idea de cómo seguían las cosas en la calle. Pero antes de responder salí por primera vez de mi edificio a ver si encontraba alguna cosa que mereciera comentario. Habiendo llegado a la esquina, donde West End Avenue se cruza con Edgar Allan Poe Way (un tramo de un par de cuadras de la calle 84 llamado así porque el escritor, como ya dije, vivió aquí, con su minúscula familia compuesta por su tísica esposa y su paciente tía), al llegar a esa esquina noté que una porción de mi energía había vuelto y decidí caminar un poco más. Durante la caminata, mientras inventaba frases silenciosas, fui tomando fotografías con mi teléfono por si después necesitaba un ayuda-memorias. Y unos días después salió en *Clarín* un texto con el título de «Esquelética Nueva York», que les transcribo sin cambios:

Es el viernes 27 de marzo, cerca del mediodía. La ciudad se apresta a lo peor de la debacle, y yo vuelvo a salir después de varios días con la actitud del proverbial superviviente decidido a revisar el estado del mundo después de que el mundo se termina. Los síntomas que venía padeciendo eran menos intolerables que enigmáticos, sobre todo en su manera de irse y volver: profundo dolor muscular, brotes de extenuación abrumadora, tos creciente, náu-

26

sea, un dolor apenas insinuado en el centro del pecho. Fiebre no. Y, como decían que la fiebre es el síntoma más típico, había pensado que mis dolores se debían al miedo que me daba no tanto el virus mismo como el progresivo cierre de todo lo que hay para cerrar. Pero la doctora que me atendió por videoconferencia (no hay visitas presenciales para casos como el mío) se lamentaba de que los medios insistieran con ese asunto de la fiebre. A pesar de su ausencia, tenía que suponer que estaba infectado y celebrar que hubiera pasado lo peor.

Este viernes de comienzos de la primavera el tiempo resulta ser ideal para el convaleciente; la atmósfera es cristalina y la luz quietamente deslumbrante. Todo ha cambiado desde el lunes, cuando todavía desconfiaba de haberme apestado y me había aventurado en la llovizna con mi perro. La discontinuidad inducida por el Covid-19 es tan fundamental que hablamos de aquella época remota de mediados de marzo con una sensación de irrealidad: el idilio del mundo del pasado, cuando los niños concurrían a las clases y los bebedores pululaban en los bares. El lunes, cuando las principales restricciones ya se habían instalado, la gente no parecía aun tan suspicaz: ahora una mujer que viene por la misma vereda en dirección contraria empieza lentamente a desviarse para que nuestras trayectorias, cuando se crucen, lo hagan a dos metros de distancia. Yo, sin darme cuenta, me desvío, y me maravilla nuestro virtuosismo en la ejecución de este paso de danza que desconocíamos e improvisamos, aunque puedo descubrir que nos vuelve tan precisos una sorda, impersonal hostilidad, y me digo que sería bueno que las furias que el virus ha despertado vuelvan a sus nichos cuando todo pase.

¿Todo qué? Se entiende nuestro desconcierto: de las catástrofes recientes, esta es la que menos imágenes dramáticas produce. Debe ser por eso que en las conversaciones decimos más bien «Chernóbil» que «la crisis del sida». Consultamos los gráficos de fallecimientos, pero no nos muestran los cadáveres. Vemos a las enfermeras desplomadas en el frente de sus hospitales, pero no a los pacientes que adentro se ahogan. Escrutamos foto tras foto de sitios vacíos: aviones, edificios, trenes, comercios, teatros, calles. He visto muchísimas, pero nada me había preparado para el espec-

táculo de Nueva York asolada por la peste. Temía que al escribir recurriría, como término de comparación, a las maravillosas fotos de calles y tiendas desiertas que tomó el fotógrafo Eugène Atget en París hace poco más de un siglo, pero ahora en cambio, al salir, pienso en esas panorámicas de mesetas del Oeste que atraviesan los vaqueros en los *westerns*.

Es perturbador reconocer que la ciudad nunca ha estado más espléndida. Después de cruzar el Central Park (donde dúos de padres, madres, niños y niñeras jugaban partidos lentísimos de béisbol), fui bajando la Quinta Avenida desde el Museo Metropolitano hacia el sur, por la sección aristocrática. Siempre levanto la mirada por encima del delirio de taxis y trabajadores a ver si un atisbo de la inmovilidad de tal o cual moldura en los balcones de los edificios me alivia del estruendo. Pero ahora en la vereda hay solamente un señor que pasea su mascota y una pareja de jóvenes que se dan las manos enguantadas y murmuran a través de sus barbijos. Los propietarios de las mansiones se han ido hace un par de semanas a sus casas de vacaciones en los Hamptons o Florida, llevándose la peste (que ha atacado primero a las clases más altas). Los porteros parecen aliviados: nunca los vi tan tranquilos mientras conversan con los proveedores, ni tan minúsculos frente a las moles de piedra y ladrillo que han adquirido un no sé qué de fósil. Es como si visitáramos Pompeya o Herculano: todo está suspendido a media ejecución. En «El milagro secreto», de Borges, Dios le concede a un autor a punto de ser fusilado la detención del universo físico por un año. El ademán del sargento que manda el pelotón se fija en el punto decisivo de su arco y una gota de lluvia cristaliza en su mejilla: nosotros somos ese autor. Tal o cual negocio todavía nos incita a aprovechar las ofertas que proponía el día de la declaración de la catástrofe, y el Met Breuer, en la avenida Madison, anuncia en cartelones la retrospectiva del pintor Gerhard Richter que inauguró hace apenas dos semanas. No hay caballos ni cocheros en la esquina sureste del Central Park, frente al hotel Plaza, residencia temporaria de magnates, y la tienda Apple donde tanto se congregan los turistas es un cubo banal que cubre un subsuelo innecesario. Esta esquina, que es una de las más hiperactivas de Nueva York, se ha vuelto una breve colección de detalles y distancias, y cada momentánea persona es un evento. Pero ¿por qué todo es así de individual y nítido? Caigo en la respuesta: los niveles de polución han disminuido a pico, y el aire nunca fue tan transparente en la ciudad. Eso es lo que la deja tan desnuda. A pesar de las extensiones de cemento, la sensación (para el exenfermo, el presunto inmune) es de una sorprendente intimidad.

La impresión se rompe cuando recuerdo el precio de esta pasajera regeneración. Las proyecciones recientes anticipan diez mil muertos entre Brooklyn, Queens y Manhattan, pero hemos dejado de prestarles atención a las proyecciones. No importa la cifra exacta: es el diluvio. Y aquí, donde las redes de protección son irrisorias, millones de trabajos se pierden minuto tras minuto (acaban de anunciar tres millones de solicitudes de seguro de desempleo para toda la nación). Hace poco nos asombraba cómo calles e incluso barrios enteros iban adquiriendo el aire de pueblos fantasma por la migración de los clientes al comercio digital; la migración se ha convertido ahora en estampida. ¿Y cuando pase? Esta es una fase de experimentación y aprendizaje: no sólo en los hospitales, sino también en las escuelas, en las tiendas, en los restaurantes. Si no se extiende por más de algunas semanas, probablemente volvamos a los viejos hábitos; si dura más que eso, muchas transformaciones serán definitivas. Por eso, cuando camino de vuelta a casa, pasando frente al Edificio Dakota y el Museo de Historia Natural, instituciones centrales del orden preexistente, espontáneamente tomo la postura emocional del que se despide de aquella vieja, ahora esquelética Nueva York, que sigue allí, por el momento, pero que no me sorprendería si resultara ser una de esas estructuras que secretamente devoran las termitas y de repente se desploman porque sí, al menor soplido.

El ejercicio de caminar, fotografiar y escribir fue revelador. Por primera vez desde aquel día en que se me declararon los primeros síntomas experimenté un alivio de la opresión que me afectaba. Aún me sentía como una larva envejecida, pero era evidente que en mi organismo algunas cargas de materiales combustibles y parte de la maquinaria que los emplea habían resistido a la invasión. No podía leer como leía antes, cuando abría con confianza volúmenes enormes, no podía tampoco asistir a teatros o museos, no podía visitar a nadie y nadie me visitaría, pero –guardando la distancia y tomando considerables precauciones– podía caminar. Y caminando descubrí que allá afuera la vida de la ciudad, en los márgenes del limbo que nos abarcaba, seguía desplegándose, crepuscular e intensa. Estaban instalando un hospital de campaña en pleno Central Park. Estaban construyendo tinglados de metal y tela frente a los hospitales. Estaban estacionando funerarios remolques frigoríficos en una isla frente a Harlem. En la isla de Hart, en el borde septentrional de la ciudad, estaban cavando fosas colectivas para contener el desborde de los muertos. Los llamados «trabajadores esenciales» (empleados de hospitales y asilos, del transporte y el correo) mantenían una actividad más frenética que nunca, mientras la peste desataba sus oleadas por las habitaciones y despachos de los sanatorios, donde las pocas imágenes que algún periodista podía obtener nos mostraban pacientes tumbados en las salas de espera, asistidos por apuradas enfermeras y médicos envueltos en uniformes improvisados con harapos de plástico que corrían a lo largo de pasillos atestados de cuerpos, cables, monitores y máquinas. Y estaban también los *homeless*. En los días de la pandemia, sobre todo en Manhattan, las calles se habían convertido en el reino casi exclusivo de los sin techo. Es que el gobierno de la ciudad había vaciado las residencias donde en general los aloja, y las estaciones de subterráneo, donde muchos pernoctan, estaban clausuradas. Algunos se habían mudado a hoteles que la municipalidad había contratado para ellos, ahora que no venían los turistas. Pero muchos preferían seguir en la calle, como cierta anciana que, en la Sexta Avenida, cubierta de retazos de cortinas y con un sombrero de fieltro, vigilaba su numerosa flota de carritos de supermercado con el oído pegado a un viejo grabador portátil donde escuchaba el impetuoso sermón de un orador que no fui capaz de identificar; o un hombre de ascendencia mongol que veía todas las mañanas, cuando acudía con mi perro al parque de Riverside, meditando sobre un cuadrángulo de plástico que el viento convertía en una alfombra hechizada y voladora.

Estos mundos individuales y portátiles eran centros paradójicos de orden en el caos. Es que las bandas del virus iban aporreando sus tambores en un país cuyo gobierno federal había renunciado a oponerle resistencia. El presidente Donald J. Trump era manifiestamente indiferente a las muertes que la pandemia pudiera provocar y estaba concentrado exclusivamente en el efecto que tendrían en sus perspectivas electorales (porque una elección presidencial nos esperaba a todos en noviembre). Su gestión se había reducido a proferir ordenanzas incoherentes que concebía en las largas mañanas que se pasaba mirando la televisión con el objeto de enterarse de las cosas que otros decían sobre él. Una vez que había masticado las revelaciones matinales, alisaba los pliegues de su traje y, habiéndose impulsado a lo largo de los metros del pasillo que llevaba desde su dormitorio al salón de las audiencias, se apoyaba en un podio y resoplaba elogios de sí mismo, de su fortaleza, de su inteligencia, de su capacidad de decisión, rodeado de funcionarios de la comunicación y la salud, levantando la cabeza de penachos amarillos y bajándola al final, cuando iba dando pasos breves y encorvados para regresar a su guarida. En momentos de especial entusiasmo sugería que era posible curar la enfermedad inyectándoles a los enfermos cantidades masivas de desinfectantes, exponiéndolos a proyecciones deslumbrantes de luz ultravioleta (porque el sol mata al virus) o encontrando una manera de meterles esa luz en el interior del cuerpo. Los líderes locales parecían más confiables, pero bastaba prestarle atención a las maneras del celebrado gobernador de nuestro estado, Andrew Cuomo, para advertir que por detrás del telón tejido en sus presentaciones con los gestos tradicionales del patriarca itálico y estoico se asomaba el ángel aturdido de la incertidumbre.

No sé de qué manera habrán experimentado el curso de la enfermedad los dichosos habitantes de países más sensatos, pero aquí, en Estados Unidos, la pandemia fue desde el principio inextricable de las alternativas de una política reducida a sus formas más primarias. Gracias a la criminal estupidez del presidente, la resistencia al uso de las máscaras, principales instrumentos de la profilaxis, se volvió un signo de adhesión a la tribu republicana y de rechazo a las costumbres de otras tribus. El Estado Nacional resolvió lavarse las manos de la elemental tarea de coordinar las acciones de los gobiernos locales, alentando al mismo tiempo la rebelión de los ciudadanos cuando gobernadores adversos introducían medidas meramente razonables. Los funcionarios de la Casa Blanca desmentían a los del Departamento de Salud, que contradecían a las entidades financiadas por el gobierno para que establecieran directivas para sobrevivir a la pandemia. Una pueril confianza llevaba a los miembros de la familia imperial a creer que estaba destinado a hacerse realidad su deseo de que el Coronavirus siguiera pronto su marcha hacia otras costas dejando al país sano y contento. Así fue como el virus encontró abiertos y extensos campos de pastoreo en muchas partes del país. Y a la larga el mencionado presidente, que terminó siendo visto por gran parte de la población como una amenaza severa a la supervivencia de los súbditos, colaboró en la destrucción de sus propias aspiraciones y al perder las elecciones nacionales cedió al deseo de inmolarse, encontrando en su carrera la hoguera que montaron para él sus partidarios al tomar el Capitolio. Y el humo de esa hoguera formó un rostro que manifestaba de la manera más nítida aquello que muchos de nosotros habíamos entrevisto en cada aparición del personaje: la devoradora angustia de un hombre perfectamente solo, afectado por el más básico, puro dolor psíquico.

Ese rostro formado por el humo de una hoguera es un artefacto de la imaginación, pero lo cierto es que en los meses más intensos de la pandemia (hablo del corredor terrible de marzo, abril, mayo y junio) una atmósfera de inverosimilitud lo impregnaba todo, como si el mundo se hubiera vuelto una colección de telones agitados por ráfagas de procedencia ignota. Las cosas se mezclaban con sus reflejos, los volúmenes con sus sombras, los eventos con sus elaboraciones oníricas. Lo percibía de manera especialmente intensa durante aquellas caminatas en las cuales los planes que había hecho, imprecisos desde el comienzo, perdían gradualmente su autoridad. Entonces me dejaba llevar por caprichos momentáneos y terminaba sintiéndome un poco como el jugador de un videojuego que debe gobernar un avatar cuyas capacidades sólo en parte conoce. Algo en mí permanecía a una distancia sideral de esta ciudad que se me presentaba en formas cada vez más inusuales, donde las personas y las cosas parecían evitar la condición presente y mostrarse sea como emisarios del pasado sea como anticipaciones del futuro. Y esa impresión de dualidad entre yo mismo y mi avatar, que aparecía y desaparecía del orbe que desde mi atalaya vigilaba, no es ajena, estoy convencido, a la compulsión creciente a registrar las escenas que encontraba en mis trayectos, cosa que hacía tan rápidamente y sin pensar que terminaba sorprendiéndome de los paraderos a los que la compulsión me llevaba tanto como el sonámbulo que despierta en una habitación que no es la suya. Al regresar a casa y consultar mis fotografías descubría tantas novedades y discrepancias entre lo que yo recordaba y las evidencias que la pantalla me imponía que no sabía si dudar de mí o de ella.

Por otra parte, muchas veces tenía la impresión de que la ausencia relativa de humanos en las calles había abierto un portal a través del cual pasaba una nueva población de criaturas de estatuto impreciso: espejismos, reflejos, fantasmas, cosas hechas de rocío o de vapor. Un día atravesaba Times Square, donde las

gigantescas pantallas digitales, indiferentes a la desaparición de los transeúntes, seguían desplegando su procesión frenética de imágenes. En cierto momento se definió en una alta superficie pixelada que envolvía una esquina un cortinaje de color azul brillante. Levanté mi teléfono para fotografiar esta lujosa animación y, como si respondieran a mi gesto, las cortinas se entreabrieron durante un lapso apenas suficiente para dejarme entrever el ojo pérfido de una criatura reptiloide. Otro día en el cementerio de Woodland, en el Bronx, me detuve a observar una caja de madera que envolvía la estatua de una madre en trance de sostener y consolar a su hijo exánime, y pronto me pareció que esta estatua era disuelta por el ácido de las formas que la luz extendía por el acrílico de la breve ventana que le habían concedido a su refugio. Estos momentos en que arquitecturas inestables se manifestaban en las vidrieras, las pantallas, las ondulaciones del terreno y el porte de las plantas, cuando me parecía que flotaban por el aire visiones que la mayoría desconoce, me producían la única alegría verdadera en ese tiempo de penuria, y me impulsaban a seguir caminando.

Porque seguí caminando, diez kilómetros, quince kilómetros por día, con una decisión fanática, y mientras lo hacía se me fue formando la intención de hacer un registro informal y apresurado de la Nueva York del Covid-19, considerada desde mi móvil perspectiva. Los primeros días de excursiones no tenía planes definidos: me enteraba de que estaban montando un hospital de campaña cerca de mi casa y allá iba, sin hacerme demasiadas preguntas. Leía los sitios web que podían ofrecer alguna información; esta lectura era la única (junto a los escritos de Edgar Allan Poe) en la que mi atención consentía en detenerse. Recogía en la televisión y los periódicos indicios vagos, informaciones incompletas, y los empleaba para elaborar conjeturas detalladas sobre nuestro común futuro. Varias veces por día consultaba el sitio web donde la municipalidad actualizaba las cifras de la peste. Y me encontré regresando una y otra vez a los mapas que incluía.

Uno de ellos representaba las variaciones barriales en la tasa *per capita* de enfermos empleando matices de rosado y púrpura: a mayor palidez en el mapa, menor número de casos. Era fácil ver que las zonas menos afectadas por el virus eran aquellas que los visitantes que solían venir inspeccionaban y que los medios de comunicación y las películas propenden a representar: relativamente hablando, la salud imperaba en casi todo Manhattan, con las excepciones de East Harlem y el distrito predominantemente hispánico de Washington Heights. Una faja de rosa pálido se extendía también en este mapa a lo largo de la costa del East River, por el sur de Queens y la larga banda que va, en Brooklyn, desde Greenpoint y Williamsburg en el norte hasta Red Hook en el sur, y otros núcleos exentos aparecían aquí y allá, especialmente en el noreste, donde la ciudad se dispersa en los suburbios de Long Island.

En cuanto a las regiones que el virus arrasaba, no me sorprendía que estuvieran en los márgenes. En el Bronx, una mancha oscura se extendía desde la costa del río Hudson a lo largo del curso del río Harlem, rematando en los barrios indigentes de Mott Haven y Hunts Point, y había una serie de distritos particularmente vapuleados entre las zonas verdes centrales, que incluyen el zoológico y el magnífico Jardín Botánico, y el Long Island Sound, la profunda y ancha rama del océano que se convierte en lo que llamamos el East River pero en realidad es un cuerpo de agua salada. En Queens, la enfermedad imperaba en una franja que bajaba desde la isla de Rikers (donde está el principal complejo presidiario de la ciudad) hasta el parque de Flushing Meadows, abarcando los muy diversos, muy complejos barrios de East Elmhurst, Jackson Heights y Corona, y en un arco inmenso (en cuyo centro está el Aeropuerto John F. Kennedy) que va desde el barrio de Jamaica hasta la península de Rockaway, donde se encuentran las más espléndidas playas de toda la ciudad. En Brooklyn, las zonas más crueles estaban en la costa de la bahía de Jamaica (East New York, Canarsie, y hacia el norte Brownsville), además de una considerable porción de Coney Island. En cuanto a Staten Island, las zonas de contagio se extendían a lo largo de ciertas secciones de la punta este, la más próxima a Manhattan, y la ribera del Kill Van Kull, la corriente estrecha que, en el norte de la isla, separa el estado de Nueva York de Nueva Jersey.

No había nada de extraño en esta topografía de la enfermedad. Los barrios más pobres eran los más afectados, y un número desproporcionado de pobres son negros e hispanos. En la mayoría de las ciudades, y no sólo en Estados Unidos, los pobres suelen ser empujados hacia la periferia, que en Nueva York confinan muchas veces con el agua: es sorprendente hasta qué punto la ciudad ha transferido durante décadas a sus desdichados a la proximidad de las playas y los ríos, a un espléndido paisaje de costaneras y veleros –los desdichados, es decir, los pobres, pero también los adictos, los locos, los expresidiarios y los ancianos: todos aquellos grupos que en el clímax de la pandemia alimentaban las huestes de difuntos. De a poco fui gravitando hacia esos sitios, hacia las fronteras del municipio, que tienen un carácter singular: las metrópolis suelen cesar gradualmente, la densidad de la población disminuye a medida que nos alejamos de los centros comerciales e ingresamos en coronas de barrios satélite, parques industriales, terrenos en espera de que alguien les encuentre algún uso, y en cierto punto del trayecto

37

podemos decir que hemos abandonado la ciudad donde hace poco estábamos. En Nueva York, edificada en el archipiélago de un delta, los bordes casi siempre son riberas. Es cierto que muchas veces se trata de riberas frágiles: pastizales que el agua ha invadido, bancos de arena que una tormenta suficientemente poderosa es capaz de dispersar y, sobre todo, omnipresentes marismas: superficies planas que se forman allí donde mares y ríos se cruzan; amalgamas de arena, barro y residuos donde ni las algas pueden mantenerse; reinos exclusivos de las almejas, los cangrejos y los pájaros que se alimentan de las ovas y gusanos que puedan encontrar. En esos sitios donde se mostraba el territorio de este estuario tal como era –digamos– en el año 1500, a veces me parecía haber desembocado en el litoral del río Paraná, donde crecí.

Y cuando en el curso de esas excursiones por las fronteras de Nueva York encontraba industrias, clubes, tiendas, talleres y templos que la pandemia había forzado a cerrar, solía sentirme como alguien que, en su trayectoria hacia alguno de los

polos, se topara con una estación abandonada donde un equipo de científicos tal vez hubiera investigado cómo hace la vida para insistir en su obstinada dispersión cuando las condiciones imperantes desalientan, como sucede en ciertas cavernas que un vapor incandescente y subterráneo forma en el hielo de la Antártida, en la proximidad del volcán llamado monte Erebus, cavernas herméticas donde colonias de hongos y bacterias se nutren no de los materiales de la fotosíntesis que sostienen a las criaturas de la superficie, sino directamente de las rocas –un poco como los difuntos de Sumeria, que, según sus deudos lo creían, estaban destinados a viajar por Kur, un ultramundo donde sólo era posible comer y beber polvo. Y recordaba que en diversas tradiciones de la Grecia más arcaica Erebos era la deidad que, habiendo nacido del Dios primordial Caos, había originado (junto a Nyx, la Noche, su hermana) a Éter, el aire que respiramos, y a su gemelo, el Día; y también era un lugar: aquella parte del cosmos que se extiende más allá de la Tierra y más acá de las regiones infernales, el dominio intermedio que las almas trasponen en el viaje que comienzan, medio ciegas y del todo ansiosas, cuando mueren.

El hospital de campaña

En el Paso de McGowan. El reparto de los huérfanos. Batallas en East Harlem. Los Central Park Five. El desembarco de la Cartera del Samaritano. Comprensibles ansiedades de la prensa. Hércules y la Hidra. La descomposición del señor Valdemar.

Este paraje algo oculto, que turistas y vecinos desconocen, es en cierto modo el corazón del Central Park. Aquí llegan los camio-

nes que recogen las hojas caídas, los árboles secos y el resto de los despojos que producen el otoño y el invierno para que, apilados en montones compactos y mezclados con la tierra del lugar, se conviertan en el fertilizante que alimenta al parque el año entero. Las montañas de aserrín descomponiéndose alcanzan, debido a los gases que toda materia orgánica produce, temperaturas de horno, tanto que hace algunos años un adolescente que había trepado a una mole semejante se hundió como si fuera en arenas movedizas y murió de la asfixia y las quemaduras. Y un empleado con el que mantuve una breve conversación la mañana en que me detuve allí rumbo al Hospital del Monte Sinaí me dijo que a veces, durante las fiestas de Navidad, envuelve un pernil en papel de aluminio y lo entierra allí durante un par de días, tras lo cual queda perfectamente cocinado.

Y fue esa mención de un cerdo que se asaba en una montaña de aserrín lo que me hizo recordar que los cerdos eran el método principal de la ciudad para resolver el eterno problema de la eliminación de los residuos en aquellos tiempos (felizmente superados en el último, digamos, siglo y medio) en que humanos y porcinos compartían no sólo las calles sino, en el caso de los pobres, las cabañas diminutas o los sótanos de los *tenements*, de donde los animales salían a buscar restos comestibles en los porches, los restaurantes y mercados, engordando hasta alcanzar el peso y las dimensiones adecuadas para que sus dueños los sacrificaran. En la parte de la ciudad donde hoy se erigen el Museo de Arte Moderno, el Carnegie Hall, el hotel Plaza y los rascacielos del llamado Corredor de los Billonarios, que contienen los apartamentos más caros del planeta, estaba la colonia de chiqueros que todos llamaban Pigtown, la Ciudad de los Puercos. Un artículo del *Frank Leslie's Illustrated Newspaper* del 13 de agosto de 1848 describe uno de estos establecimientos regenteados por inmigrantes alemanes e irlandeses como «un agujero asqueroso y aberrante, rodeado de altas rocas, con dilapidados cobertizos cuyas paredes forman un cuadrado hueco más hostil a cualquier ser humano dotado de sensibilidad que las punzantes bayonetas de mil combatientes». Y este hueco se colmaba de mujeres que aullaban y mastines que ladraban en la dirección de hombres hoscos cuyas palas movían pilas de basura, celebrados a grazni-dos por las aves de rapiña. Cuando la necesidad los incitaba a carnear los cerdos que dormían en sus cocinas que eran dormi-torios, salas, baños, los carniceros recogían los mejores cortes para llevarlos a los restaurantes y tabernas de Wall Street. Pero las tripas y los huesos, junto con las cabezas, los cartílagos, los riñones, los bloques de grasa y las pezuñas iban a parar a tre-mendas calderas cuyo olor llegaba hasta las casas de veraneo en la ribera del río Hudson, y así nada se perdía: ni la basura que los animales ingerían, retirándola de esa manera de las calles, ni los órganos cuyo desarrollo aquel alimento permitía. Claro que a veces los animales se escapaban de los sitios asignados por sus dueños y migraban en dirección, por ejemplo, del páramo barroso, recorrido por escuálidos riachos, que ocupaba lo que hoy es el Central Park, y atacaban a los hombres que encontraban caídos e inermes por el efecto de los asaltantes, la fiebre amarilla o el alcohol barato que habían ingerido en alguna de las destile-rías ilegales que administraban viudas indigentes y frecuentaban los trabajadores de las fábricas precarias de cera y jabón erigidas en claros de las arboledas. Pero tarde o temprano esas fieras re-beldes caían en las manos de los pordioseros nómades o las fa-milias que habitaban en casillas improvisadas con unas pocas tablas que, fuera de los residentes de un par de villorrios de tra-zado más o menos formal (Seneca Village, Dutchtown) y un pu-ñado de establecimientos que les ofrecían cama y abrigo a los enfermos que los sanatorios rechazaban, eran los dueños del lu-gar. Que lo fueron hasta que, a mediados del siglo XIX, los expul-só del territorio el brazo del progreso, obligándoles a hacerle sitio al Central Park, cuyo ángulo noreste domina el monte de San Vicente.

El departamento de reciclaje de hojas muertas ocupa el sitio exacto donde en 1844 las Hermanas de la Caridad de San Vicen-te de Paula establecieron, en el terreno adquirido a los propieta-rios de la antigua Taberna del Caballo Negro, un convento, una capilla y una escuela. Las emisarias de esta orden fundada no hacía mucho en Baltimore por Elizabeth Seton, la primera santa de este país, habían llegado a Nueva York en 1817, invitadas por la curia local, que les había conferido la misión de convertir en ciudadanos decentes, sanos y productivos a los miles de niños vagabundos que pululaban en los barrios más pobres de Manhattan. Las misioneras al principio residían en pocilgas portuarias, dormían en colchones de paja tirados en el suelo y bebían un potaje hecho con cáscaras de zanahoria que hacía las veces de café. Pero pronto pudieron traducir en donaciones (y las donaciones en escuelas e institutos) la enorme fama municipal conquistada, en particular, gracias al coraje que demostraron durante el año infausto de 1832, cuando la epidemia de cólera que se había iniciado en Asia y luego había pasado a las partes más pobres de Europa atravesó el océano e hizo tierra en los barrios bajos de la ciudad, las regiones de la miseria y el vicio que rodeaban los muelles del East River, en cuyos tugurios los niños y mayores caían como moscas e iban a parar a fosas colectivas abiertas en el sitio que hoy ocupa Washington Square, mientras la ciudad burguesa se ponía en desbandada.

En ocasión de tal desastre las Hermanas, ignorando los riesgos que corrían, se hicieron cargo de aquellos indigentes a los cuales el establishment médico les escapaba. Y la misma bravura demostraban en el combate que emprendían en tiempos de salud contra los agentes protestantes que recorrían la ciudad disputándoles las almas de los huérfanos locales, niños solos, asustados y famélicos, católicos niños irlandeses y alemanes que los herejes bautistas y luteranos capturaban con el objeto de meterlos en tenebrosos institutos o despacharlos a Minnesotta o Nebraska en la caravana de «trenes de huérfanos» establecida por el Reverendo Charles Loring Brace, cuyas lecturas y meditaciones lo habían llevado a concluir que la solución perfecta para la creciente crisis, a la vez material y espiritual, causada por el aumento imparable de la población infantil e indigente era mandarlos a las praderas del centro de la nación, a llevar una vida agrícola y sana, trabajando por menos que monedas para familias protestantes y recibiendo de ellas la correcta educación. Las redadas de la Sociedad para la Asistencia de los Niños, administradores de los «trenes de huérfanos», tenían lugar en los muelles y las tabernas del puerto, pero también en la Casa de Refugio que la

44

administración municipal había establecido en la isla de Ward, en el East River, a unos pocos metros fluviales de Harlem, para recibir, clasificar, evaluar y, si era necesario, poner en cuarentena a los nuevos inmigrantes. Como tantos padres y tantas madres se morían en los barcos atestados e insalubres, en la institución proliferaban los párvulos solos. Allí iban las Hermanas de la Caridad a arrebatarles la presa a los pastores enemigos, y los traían a su instituto en el monte San Vicente, donde, al final de un día de estudios y trabajos, los críos irlandeses o italianos se sentaban a mirar colina abajo, hacia la Ruta Postal de Boston, apreciando el multiforme espectáculo que el sitio ofrecía. El nombre tradicional del paraje que esta elevación domina es Paso de McGowan. Por supuesto que nosotros, habitantes del presente, no lo llamamos como lo hacían los ciudadanos que ya en el siglo XVII lo atravesaban en carreta o a caballo, andando por la mencionada Ruta Postal, que unía Nueva York y el norte de Nueva Inglaterra. Esa prestigiosa carretera cortaba los excelentes roquedales que el tiempo no ha disminuido y que ofrecían un límite natural para la ciudad durante los tiempos coloniales. La empleaban al principio los jinetes que despachaban el correo, vinculando en una red cada vez más estrecha a las colonias por medio de cartas, billetes, decretos y los periódicos legales e ilegales que fueron la condición necesaria para que esta dispersión de poblaciones terminara por formar algo así como una nación, pero no pasó mucho tiempo hasta que fue frecuentada por toda clase de viajeros. Por aquí también entraban en Manhattan las manadas de vacas y ovejas de Harlem y el Bronx que iban a terminar en los mataderos de Wall Street, y en este punto abrió en 1740 aquella Taberna del Caballo Negro, que les ofrecía austeros servicios gastronómicos a los viajeros ocasionales y opulentos banquetes a los que venían escapando de alguna de las pestes que azotaban todo el tiempo a las zonas portuarias del sur de la isla. La protección de la ciudad dependía del control de este paraje, y durante la Guerra Revolucionaria acamparon en los prados circundantes los mercenarios contratados por ingleses o nativos, a quienes la taberna proveía de diversión y de vituallas. Y siguió haciéndolo cuando se declaró la peste de 1832 y los camareros del lugar pudieron presenciar una desbandada semejante a la que esboza el *New York Evening Post* del 3 de julio de ese año: «Las rutas, en todas las direcciones, estaban colmadas de bien provistas diligencias, carretas, vehículos privados y gente a caballo, todos en pánico, escapándose de la ciudad como podemos suponer que se escaparon los habitantes de Pompeya y Reggio cuando la lava llovió sobre sus casas o los muros fueron sacudidos por un terremoto».

Sentado en una pila de troncos recién cortados en el susodicho monte trataba de imaginar esa escena precursora de la que se produjo al comienzo de nuestra pandemia, cuando gran parte de los ciudadanos pudientes se marcharon de la ciudad. Este año la fuga, claro está, fue mucho más tranquila: la banda de sonido del viaje que los vecinos emprendieron no fueron los gritos de los palafreneros y el resoplar de los caballos sino el zumbido apenas perceptible de los motores de Mercedes Benz o Lexus, flotando sobre resortes en dirección a Bridgeport o Southampton. Nuestros ciudadanos prósperos no son tan atolondrados como aquellos antecesores de hace casi dos siglos, que al recibir la noticia del cólera actuaron como músicos en un concierto donde se declara un tiroteo y arrojan al aire sus instrumentos que caen en tristes pilas sobre el escenario. Nuestros músicos habían dejado sus oboes y violines apoyados sobre taburetes y habían salido dando pasos tranquilos hacia los camarines, donde pensaban aguantar entre charlas y copas hasta que el orden en la sala se restableciera. Su ausencia se sentía, aunque la desolación en las calles que antes frecuentaban era menos ominosa que poética.

Pero yo no había acudido a este ángulo noreste del Central Park para evocar pintorescas escenas de otras plagas sino por otra cosa: doscientos metros hacia el sur una asociación caritativa (Samaritan's Purse, la Cartera del Samaritano) dirigida por el principal promotor evangelista de nuestro (por entonces) presidente estaba montando un hospital de campaña para aliviar la congestión que se había producido en casi todos los centros de salud. El desembarco tenía lugar en el East Meadow, un prado ondulante que se extiende frente al Hospital del Monte Sinaí, que fue establecido a mediados del siglo XIX para atender a la población judía que los otros sanatorios rechazaban. Y a mí me parecía adecuado que este capítulo de la historia de las guerras religiosas que nunca dejaron de librarse por acá –guerras que historiadores y literatos suelen ignorar– sucediera en un paraje cuyos atributos aparentes son menos notables que los de nuestras esquinas más famosas, las que forman el hotel Plaza y Bergdorf Goodman's o los cartelones luminosos de Times Square, pero es uno de los ejes principales en torno al cual ha girado desde siempre la vida más profunda de Nueva York.

Mientras descendía del monte San Vicente no podía resistir la idea de imaginar a un transeúnte de ficción: cierto hipnotizador que en algún momento de la segunda mitad de la década de 1840 atravesó el Paso de McGowan rumbo al exclusivo suburbio de Haerlem, como se decía por entonces, donde las expansivas mansiones de ciudadanos prósperos se perdían entre las arboledas en las cuales en tiempos de esclavitud se ocultaban los negros fugitivos. Este hombre es el narrador de «Los hechos del caso del señor Valdemar», uno de los últimos y más célebres relatos de Edgar Allan Poe. En un Harlem aún rural suceden, en efecto, los hechos de esta historia cuyo narrador es un practicante del mesmerismo, una forma de la hipnosis que aspira a movilizar las potencias invisibles que gobiernan la totalidad del universo para influenciar los actos de individuos que han sido puestos en trance. Su ambición más alta es aplicar sus técnicas sobre un enfermo terminal en el instante final de su agonía, a ver si es posible suspender el proceso de la defunción. Y la oportunidad se le presenta cuando un amigo suyo, un individuo muy delgado, de piernas flacas y cabello negro, de salud muy inestable, un vecino llamado Ernest Valdemar, contrae la tisis –es decir, la tuberculosis– que, como Poe lo sabía por su esposa, que murió del mal, era incurable, que en el fondo era inútil mudarse a una de estas zonas periféricas donde acude una noche para apresar a su amigo en un espacio intermedio que ya no es el de la vida ni tampoco todavía el de la muerte.

Me resultaba también imposible no pensar en otra cosa mientras, bajando la ladera hacia el llano del Prado del Este, me

topaba con un equipo de camarógrafos que rodeaba a una pareja de porte muy digno, ella vestida de blanco y él con un imponente sacón y una fedora. Pensaba que la ruta de aquel hipnotizador de fantasía era la misma que había tomado un grupo de
adolescentes afroamericanos y latinos que una noche de abril
de 1989 se reunieron frente a las dos torres vecinas cuyo nombre
es Schomburg Plaza y cuyo linaje es uno de los más nobles en la
arquitectura moderna de esta ciudad. Hace cinco décadas, cuando fue construido, Schomburg Plaza era el más ambicioso de los
complejos de viviendas económicas de Harlem: por la originalidad de su diseño, obra de remotos discípulos del arquitecto
Frank Lloyd Wright, y por la ambición del programa social que
sus promotores aspiraban a cumplir. Los prominentes psicólo-
gos y educadores de Harlem que iniciaron el proyecto esperaban
que estos edificios fueran centros de integración en una sección
de la ciudad asolada por el conflicto de etnias y clases. Contaban

con que estas torres, construidas frente al ángulo noreste del Central Park con la ayuda de subsidios estatales, fueran pobladas no sólo por los afroamericanos y los portorriqueños que constituían la mayoría de los residentes de la zona, sino también por italianos e irlandeses, judíos y alemanes, vástagos de los linajes que solían dominarla. Pero en 1973, cuando las torres se inauguraron, casi no quedaban italianos en el barrio, ni alemanes, ni judíos: se habían ido todos para el norte, al Bronx, y para el sur, a establecerse en los chalets que rodean, en Brooklyn, la bahía de Jamaica. Y los que persistían en sus territorios ancestrales eran hostiles a los negros que habían venido en el curso de la Gran Migración, escapando de la crueldad de los patrones blancos, con la expectativa de encontrar patrones menos crueles en la industria, y a los portorriqueños que extendían sus colonias en dirección al East River. Y con la partida de irlandeses e italianos, de judíos y alemanes de las calles del norte de la isla, con la extinción de la base industrial de la ciudad y el consiguiente desempleo, de nuevo el viejo Paso de McGowan se fue volviendo, en la consideración de los ciudadanos de la mitad inferior de Manhattan, el último bastión de la ciudad, el campo donde se libraban las batallas decisivas contra las bandas de fieras humanas de los distritos superiores, los habitantes de edificios incendiados, calles de veredas rotas y estaciones del subterráneo donde los asaltantes esperaban, con cuchillos herrumbrados que apretaban entre los pocos dientes que habían podido conservar, el arribo de pasajeros extraviados. De ese modo, más que símbolos de la integración, las torres de Schomburg Plaza tomaron, para los habitantes de la ciudad blanca que allí mismo terminaba, la forma de atalayas ominosos desde donde los bárbaros atisbaban con avidez y desprecio la civilización que iba bajando a lo largo de la Quinta Avenida, por el Corredor de los Museos.

Pero esta frontera nunca había sido tan porosa, como creyeron comprobarlo los miembros de la ciudad blanca al despertarse en la mañana que siguió a la noche del 19 de abril de 1989. Es posible que ustedes conozcan esta historia, la de los «Central Park Five», que ha sido contada en tantos artículos, libros, documentales y series televisivas que les daré solamente los detalles más básicos. Esa noche, alrededor de las nueve, algunas decenas de adolescentes de Harlem entraron en el parque por la puerta del noreste. Fueron avanzando hacia el sur por el East Drive, un sendero interno que desciende en línea directa de la Ruta Postal de Boston, donde asustaron a algunos esporádicos ciclistas y despojaron a un hombre mayor, algo borracho, de una caja de botellas de cerveza. Les llevó unos pocos minutos llegar al Reservorio, un vasto cuerpo regular de agua que confina con el cruce de la calle 86, donde las acciones tomaron un giro más ominoso: un subgrupo de la imprecisa agrupación, después de intimidar a varios corredores, terminó por apalear a uno de ellos. A continuación, conscientes de la llegada inminente de la policía, se dispersaron, pero algunos fueron capturados y conducidos a la comisaría que sigue estando en el centro del parque. Les tomaron declaración y estaban por dejarlos que se fueran cuando un agente trajo, explosivo, una noticia.

Dos caminantes que pasaban por una espesura cercana que llamamos «The Ravine», «La Cañada», habían descubierto el cuerpo gravemente lastimado de una mujer blanca y joven que resultó tener el nombre de Patricia Melli y ser una empleada de un fondo de inversiones de Wall Street. La mujer había recibido una paliza brutal, infligida con quién sabe qué instrumentos, y la habían violado, dejándola medio desnuda y medio muerta. Ninguno de los policías de turno tuvo dudas de que los atacantes eran parte de la banda que había bajado esa noche de Harlem, y concluyeron sin pensar que no podía llevarles mucho tiempo descubrir a los responsables entre los presos que tenían en custodia, todos adolescentes, todos menores de edad y todos negros. La menor demora era inaceptable: los pasquines locales activaron enseguida sus más estruendosas sirenas, y la furia se extendió como un reguero de ácido por las arterias de la ciudad civilizada. Para el mediodía del día siguiente los interrogadores, por medio de artilugios y amenazas, habían forzado incoherentes confesiones de cinco jóvenes dispuestos a decir lo que fuera que les sugirieran para que los dejaran salir de las salas tenebrosas donde los habían confinado. Cinco adolescentes negros y latinos, hambrientos y muertos de sueño y de frío después de horas de interrogatorio, cobrados por el espíritu de la pesadilla, dijeron que sí, que habían sido ellos, ellos y sus amigos, que los dejaran irse de una vez. Y de ese modo sellaron su suerte y terminaron en la cárcel.

Esa misma noche de abril, alrededor de las nueve, un cierto Matías Reyes había entrado en el parque por el portal de la calle 97. Pronto vio pasar por el East Drive a una mujer que iba trotando, absorta en la música que provenía de los auriculares conectados a su walkman. Distraída, no notó que Reyes la iba siguiendo ni que había entrado, como ella, al Cruce de la calle 102, un tramo de ruta sinuoso y solitario donde el perseguidor la alcanzó y la derribó de un golpe furtivo en la cabeza. La arrastró hasta el monte vecino, que por entonces era más inhóspito que ahora. La violó y le rompió la cara con la ayuda de los puños, de un palo y una roca. La dejó tirada allí, creyendo tal vez que estaba muerta. Era el tercer ataque que había perpetrado en el curso de dos meses; en las semanas siguientes les caería encima a otras cinco víctimas a quienes, para que no pudieran identificarlo, les hacía cortes en los ojos. Matías Reyes había nacido en Puerto Rico. Tenía dieciocho años y trabajaba en una bodega de Harlem. Quince años más tarde, cuando confesó su crimen, la justicia tuvo que absolver a los adolescentes que había condenado.

Pero en 1989 la prensa demandaba, unánime, el castigo. Los frenéticos cronistas de los periódicos decidieron, junto a los interrogadores, que habían encontrado a los culpables: los negros locos y perversos que salían de sus madrigueras de ladrillo para destripar a quien pudieran encontrar, en especial si eran mujeres. Los alaridos de venganza surgían de miles de portadas de pasquines que los oficinistas consultaban en los subterráneos y eran repetidos por los locutores radiofónicos. Pat Buchanan, asesor del expresidente Richard Nixon, advertía a los lectores de su columna en el *New York Post* que los bárbaros estaban prevaleciendo de manera cada vez más decisiva en un combate donde todo iba a decidirse. Y agregaba: «¿Cómo es que un pueblo civilizado, que confía en sí mismo, trata a los enemigos que violan a sus mujeres? El ejército los pone contra un paredón y los fusila; o los ahorca, como hicimos con los criminales de guerra alemanes y japoneses. Si el miembro más adulto de esa manada de lobos fuera juzgado, condenado y colgado en el Central Park, y desnudaran, azotaran y enviaran a la prisión a los que tienen trece o catorce años, tal vez el parque volvería a ser un lugar seguro para nuestras mujeres». Hay que mostrarles a los negros locos que nosotros, los blancos cristianos, podemos ser tan locos como ellos –indicaba. Más locos todavía, más encarnizados, más inventivos en las formas del castigo. Nuestros látigos son más poderosos y más locos que sus penes.

Y no hay que resistirse a la locura, hay que ponerse más loco que nunca, decía el empresario Donald J. Trump en una solicitada que anunciaba los temas que luego modularía en su lamentable presidencia. «¿Qué le ha pasado a nuestra ciudad en los últimos años? –se preguntaba Trump en su solicitada–. ¿Qué ha pasado con la ley y el orden, con aquel policía del barrio en quien confiábamos para proteger nuestras familias y nuestros hogares, el policía que tenía el poder bajo la ley de ayudarnos en tiempos de peligro y mantenernos a salvo de aquellos que hacen presa de vidas inocentes para satisfacer una tortuosa necesidad interna?» El policía que todos los vecinos conocían, el policía que saludaba a la distancia cuando nos veía almorzar en nuestros *diners* y que ahora, cuando experimentamos «el completo colapso de la vida como la conocíamos», tanto nos falta. Como no dejamos que haga su trabajo, la ciudad se nos ha vuelto esta pesadilla en la que «bandas de salvajes criminales recorren nuestros barrios, dispensando su propia clase de odio retorcido en quienquiera que encuentren», criminales «que golpean y violan a una mujer indefensa y después se ríen del sufrimiento de su familia».

A carcajadas se ríen, porque los derechos que les hemos concedido les permiten eximirse del azote y la quema –seguía el estruendoso panfleto. Hemos sido bondadosos con las bestias, y apenas pueden las bestias nos devoran. Nos han dicho que tenemos que extirpar el odio de nuestros corazones, pero someterse a esa cirugía es para idiotas. Y Donald J. Trump no es un idiota:

«Yo quiero odiar a estos asesinos y ladrones. Hay que hacerlos sufrir, y cuando matan tienen que ser ejecutados». Hay que usarlos como ejemplo, agrega. Hemos querido psicoanalizarlos y entenderlos, y ellos, al analizarnos, han entendido que estamos tan indefensos como el agonizante en la camilla que lo lleva hasta el quirófano. «Ya no quiero entender la furia que tienen. Quiero que entiendan nuestra furia. Quiero que tengan miedo.» Y a mí, pensando en todo esto mientras me acercaba al hospital de campaña que estaban montando frente al Hospital del Monte Sinaí, me dio miedo. Es que ese campamento destinado a recibir a los enfermos que desbordaban las salas y pasillos de los hospitales pertenecía a Samaritan's Purse, la Cartera del Samaritano, la organización que preside el principal defensor evangelista de nuestro presidente y un emblema de las napas más violentas que recorren el universo religioso americano. «God, Guns & Guts Made America, Let's Keep All Three», decía un cartelón en la reciente toma del Capitolio, donde los más optimistas entre los asaltantes esperaban masacrar a los diputados del partido ad-

verso y los traidores del propio: «Dios, las Armas y los Cojones Hicieron América. Conservemos los tres». Y muchos de los que participaron de ese evento eran miembros de la Marcha de Jericó, una congregación de cristianos consagrados a «rezar, marchar, ayunar y hacer demostraciones en favor de la integridad electoral», cuyos adalides soplaban camino al Congreso enormes trompetas para imitar a Joshua, líder de los judíos a quien Dios le ordenó que desfilara con sus sacerdotes siete veces en torno a Jericó, ciudad de dioses falsos, ensordeciendo a los corruptos que la controlaban con el estruendo de los cuernos rituales.

La parábola del Buen Samaritano sucede en la ruta que llevaba desde la altura de Jerusalén hasta el llano donde sigue estando Jericó. En tiempos evangélicos era el paraje más peligroso de toda la región: una senda de montaña empinada, estrecha, despoblada y tan repleta de curvas y escondrijos que el viajero no sabía cuándo se revelarían frente a él los salteadores, para robarle lo que llevara y dejarlo tumbado a la vera del camino, como en el Nuevo Testamento le sucede a cierto hombre con el cual se topa un caminante perteneciente al pueblo de los samaritanos que, en lugar de ignorarlo como ricos y sacerdotes lo habían hecho, le presta ayuda. A aquella víctima de ignotos criminales le debía el nombre la asociación evangelista que acampaba en un prado frente al Hospital del Monte Sinaí. Y yo me sentía dividido entre dos sentimientos. Por un lado reconocía lo extremo de nuestra situación: en la jornada de la invasión los muertos en el estado eran ya casi diez mil y otro millar se moría cada día; el gobernador nos repetía que nos hacían falta cien mil camas y quién sabe cuánta disponibilidad adicional en las terapias intensivas. No estábamos en condiciones de despreciar ni la más mínima asistencia. Por otra parte, me venía el rencoroso pensamiento de que Franklin Graham no debería haber aprovechado el desconcierto y la angustia que imperaban en la ciudad para realizar su desembarco. Imaginaba las maquinaciones del tortuoso dirigente: esta ciudad donde los homosexuales, transexuales y transhumanos contraen nupcias infernales estaba tan atontada por la crisis que era la hora propicia para ensayar una maniobra de una osadía que no tenía precedente. El virus le

54

ofrecía a la Cartera del Samaritano la oportunidad de plantar bandera en esta frontera más difícil que la de Liberia, donde los misioneros de la agrupación distribuyen tratamientos contra el ébola y biblias expurgadas, y las enfermeras cristianas les entregan a los niños cajas con juguetes y folletos que explican en términos sencillos los sufrimientos y proezas de Jesús. Los espíritus de los enfermos de Covid les parecerían a estos misioneros presas tan fáciles como los huérfanos de la isla de Ward en el siglo XIX les resultaban a los emisarios de la Sociedad para la Asistencia de los Niños. Y allí estaba, para recibirlos, el espléndido, impecable campamento azul y blanco que habían establecido en el East Meadow, mientras en la Quinta Avenida estacionaban camiones y limusinas que llevaban un nombre estampado sobre el negro impecable del capó: Billy Graham Evangelistic Association.

Billy Graham, el predicador más famoso del siglo XX americano, era el padre del presidente de Samaritan's Purse, que resulta ser, como ya dije, el más prominente promotor evangelista de nuestro presidente, a quien considera un emisario divino, advenido para enderezar la desviación propagada por aquel furtivo agente musulmán envuelto en sintética piel de cristiano: Barack Obama. En la ceremonia de la jura presidencial de Donald Trump, que sucedió en un día de tormenta de enero de 2016, Graham pronunció un discurso arrebatado que alcanzó su clímax en la proclamación de que la lluvia que no paraba de caer era un signo benévolo que el Señor le transmitía al mandatario, discurso que remató con una plegaria para que los «reyes y las demás autoridades vivan vidas pacíficas y plácidas en la santidad y la gracia de Dios». Les hace falta, así conservan sus mejores energías para combatir «la muy perversa, muy malévola» religión del Islam, y para advertirles a sus feligreses que no debieran practicar el yoga: los cantos que los instructores entonan antes del comienzo de las sesiones contienen tonos secretos y diabólicos que impregnan el cuerpo que sigue la cadena de las poses. El Líder de nuestro país lo sabe: de ahí su afinidad con Vladímir Putin, que –como Franklin Graham se los recuerda a los fieles– «ha tomado una estricta posición para proteger a los niños de su nación de los efectos perniciosos de la agenda gay y lesbiana». Este es el mismo predicador que, en referencia al movimiento Black Lives Matter, puso en su cuidada página de Facebook este aviso: «Escuchen, Negros, Blancos, Latinos y todos los demás: la mayor parte de las ejecuciones policiales pueden evitarse. Depende del respeto por la autoridad y la obediencia».

Franklin Graham tiene una enorme colección de Harley Davidsons y de armas. El tráiler en el que había puesto su provisoria oficina está pavimentado con mosaicos de mármol. En ese puesto de comando estaría ahora mismo –pensé yo– elaborando quién sabe qué sueños de conquista, en la tranquilidad que le prestaba el acero sólido de su remolcador y los guardias que traía por si a los activistas locales se les ocurría la idea de apedrearlo. Es que estos activistas, que se habían enterado de la maniobra a último momento, acababan de advertirle al intendente (por si este no lo sabía) y a los medios de comunicación (por si les importaba) que la organización demandaba de sus voluntarios que se opusieran a cualquier forma de matrimonio que no fuera heterosexual, que proclamaran la oposición a cualquiera de las maneras del aborto, que se adhirieran a cada mandamiento minucioso decretado por el Cristo verdadero. Pero ahora era demasiado tarde para detener la avanzada: la Cartera del Samaritano desplegaba con orgullo a la vista de la ciudad impía la misma tecnología de punta que había probado en otras partes del mundo. Es que tienen los mejores respiradores, las camas más confortables, los más precisos instrumentos, los guantes mejor desinfectados, los barbijos más impermeables, los trajes más herméticos.

La instalación parecía estar casi completa, y alrededor del perímetro algunos curiosos tratábamos de descifrar el sentido de las acciones que les veíamos ejecutar a mujeres u hombres vestidos con trajes herméticos e inflados, con la cabeza metida en curiosas escafandras, moviéndose a la manera grácil pero tentativa de los buzos. Pero también había llegado hasta el lugar una multitud de periodistas que plantaba sus equipos en un par de cuadras de vereda a lo largo de la Quinta Avenida, donde la policía les había reservado, con sus vallas y sus cintas, un observa-

torio apropiado. Lo exagerado de la delegación que los medios de comunicación habían enviado a cubrir el comienzo de este capítulo nuevo del drama del Covid-19 se debía seguramente a que esos días, a pesar de lo dramático de nuestra condición, les resultaba difícil encontrar algo que mostrar. Sabíamos que las salas y los corredores de los hospitales estaban atestados de enfermos que nuestras técnicas eran incapaces de curar. La estrategia era mantenerlos vivos por medio de bombas de aire y otros artefactos que les permitieran respirar a pesar del deterioro progresivo de la condición de sus pulmones. Es que del Covid-19 se sabía, por entonces, poco y nada: el detalle específico de los procesos que tenían lugar en el organismo de las víctimas era un misterio para los profesionales de la salud que, un poco a ciegas, preservaban en vida como podían a pacientes que terminaban recluyendo en salas herméticas, desde donde se despedían de sus familiares por teléfono. Los sanatorios no dejaban ingresar a casi nadie, para evitar la proliferación de vectores de contagio. Por eso se entendía que los canales de televisión y radio hubieran mandado tantas cámaras y micrófonos para registrar las acciones en este hospital al aire libre en un paraje usualmente sereno del Central Park, donde los amantes de los árboles acuden a observar el juego de las ramas de los exuberantes robles. Y yo también me quedé observándolos, mientras del otro lado de la valla algunos obreros de la construcción montaban plataformas para letrinas de plástico y reforzaban los postes de las carpas, hasta que, aburrido, me puse a leer en mi teléfono la mencionada historia del señor Valdemar.

Los dos amigos, el recluso moribundo y el experto en el control del magnetismo sublunar, han establecido un acuerdo: no bien sepa que está por morirse, Valdemar convocará al narrador para que lo ponga en trance justo antes de que el proceso se consume. Y muy pronto, seguramente en un día tan gris y lento como el que ahora se arrastraba por la ciudad suspendida, el hipnotizador iba en marcha a la casona del agonizante, cuya inteligencia seguía lúcida a pesar de la condición lamentable de su cuerpo. «El pulmón izquierdo –escribe Poe– había estado durante los últimos dieciocho meses en un estado semióseo o cartilaginoso, y era, por supuesto, totalmente inútil para los propósitos de la vitalidad. La porción superior del derecho estaba, no parcial, sino totalmente osificada, mientras que la región inferior era meramente una masa de purulentos tubérculos, abriéndose unos sobre otros. Varias perforaciones muy amplias existían; y en cierto punto las membranas se habían adherido a las costillas.»

La precisión de la descripción y lo atroz de los detalles son tan inusuales en la literatura de su época que no me sorprende que muchos lectores de entonces creyeran que se trataba no de una invención sino de un informe, y que el cuento fuera publicado en varios boletines médicos como prueba de los poderes del mesmerismo. Hoy por hoy el escritor escogería otros males, tal vez el que acaba de tocarnos, este virus que mata de manera diferente que la tisis. Quién sabe cómo ensayaría describir el asalto que el nuevo Coronavirus inicia, en la mayoría de los casos, en la mucosa que reviste la superficie irregular de los pulmones, pero también en los intestinos o el cerebro, para capturar los mecanismos celulares que generan las partículas que nutren cada pulso de existencia, pero que, volviéndose la fábrica que el invasor emplea para reproducirse a velocidad de vértigo, son colaboradores involuntarios en la destrucción del organismo. Lo mismo sucede con nuestros aparatos de defensa, que el mal vuelve herramientas de su destrucción. El paso del virus deja en todas partes células difuntas, y estos despojos van entrando en el torrente sanguíneo, donde el sistema inmune los detecta. Muchas veces la respuesta que monta es limitada y razonable, pero otras veces el sistema se enloquece y su actividad resulta en lo que los médicos llaman una «tormenta de citocinas». En estos casos, la reacción es tan exagerada y patética como la del boxeador que, con los párpados cerrados por el apaleo, lanza mandobles extenuados en todas direcciones a ver si la providencia le concede alcanzar a su rival. Así, tratando de matar al invasor, los agentes inmunológicos terminan matando al enfermo.

Esto era lo que sucedía en los cuartos sellados donde la gente fallecía sin entender cómo es que habían terminado en ese extremo lívido del mundo, entre paredes de color crema alumbradas por luces de neón, rodeados de cables y pantallas. De ninguna manera le hubieran permitido al narrador del relato de Poe ingresar a uno de esos cuartos, y él mismo habría preferido abstenerse. Jamás habría conducido en un paciente de Covid-19 el experimento que completa con ambiguo éxito en el relato, donde sus maniobras consiguen que el pulso y ritmo de Valdemar disminuyan, los miembros se le pongan rígidos, los procesos corporales se detengan y el paciente conserve solamente la capacidad de hablar. En ese punto, el mesmerista le pregunta si está dormido. Sí, susurra Valdemar, está dormido y muriéndose. Pide que lo dejen fallecer en paz y, tan bruscamente como cuando una vela se extingue a causa de un soplido, las pupilas del agonizante desaparecen debajo de los párpados y el blanco de los ojos queda expuesto; la piel adquiere la textura del papel; el labio superior se levanta para dejar al descubierto la dentadura; la mandíbula muy abierta deja salir una lengua oscura e hinchada. Pero el paciente sigue, de algún modo, vivo.

Frente a nosotros, un camión de la compañía Airgas, que provee instrumentos dedicados a administrar oxígeno y otros

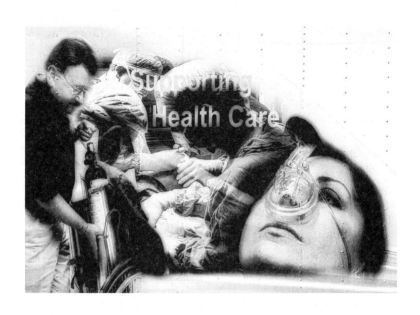

gases (amoníaco, óxido nítrico), pintaba una escena muchísimo más plácida que la que Poe evoca (y que las que sin duda tenían lugar en ese mismo momento en el interior de nuestros sanatorios). Es cierto que los médicos que están operando en el quirófano representado en el centro del mural impreso en el costado del camión dan una impresión de febril actividad, pero el hombre que a su lado saca un tubo de su funda o lo inserta en no sé qué armazón no demuestra la menor urgencia. Para él, la crisis ha pasado: no hay necesidad de apresurarse en el cumplimiento de una tarea sin duda cotidiana. Y si la plaga le ha llegado a la mujer a quien un artefacto le transmite un tenue elixir, ella parece confrontar el poder que la amenaza con una melancólica serenidad. Esta imagen me distrajo de la historia del señor Valdemar, y la olvidé por completo al notar que un grupo de periodistas se movía en dirección a un remolque que, a causa de su porte y de la multitud que lo rodeaba, pensé que sería el de Franklin Graham. Me aposté con los otros a esperar que el predicador apareciera. En el campamento los trabajadores, como si hubieran intuido que un evento crucial iba a suceder, parecían más activos. Daba la sensación de que estaban ajustando los últimos detalles, y cuando la policía empezó a disponer por todas partes vallas idénticas a las que se usan para los desfiles y otras fiestas cívicas, me convencí de que el director de la organización daría el anuncio de que la función podía comenzar: pronto vendrían las enfermeras empujando camillas muy veloces con pacientes entubados.

Pero como esto demoraba en suceder me puse a observar las monumentales imágenes que adornaban los costados del tráiler en torno al cual nos congregábamos. De un lado había una topadora que levantaba un tronco de árbol aserrado. Tal vez la operación en su contexto fuera benéfica, pero aquí tenía un tono inequívocamente destructivo, y armónicos de agresión emanaban igualmente de la imagen que campeaba al otro lado del camión, donde un hombre rubio y gigantesco parecía ocupado en reparar el techo de una casa, seguramente en una zona de desastre, observado por otro hombre más viejo, de color. Pensé que el modelo más remoto de estos varones de porte guerrero que tanto favorecen los folletos, anuncios y carteles de los grupos evangélicos era Hércules. El gigante pintado en el costado del remolque de la Cartera del Samaritano estaba realizando su tarea con la misma devoción que el antiguo héroe le había dedicado a las doce hazañas que se vio obligado a cumplir como expiación por una de sus periódicas locuras. Es que este varón turbulento era un agente de la calamidad. De joven, cuando su maestro de música criticó una de sus ejecuciones, él lo mató a golpes de taburete o de lira. Siempre fue violento e hipersexual: a los dieciocho años tuvo cincuenta hijos después de copular con cincuenta mujeres en cinco noches. Sus castigos eran sofisticados: cuando un grupo de enemigos derrotó a uno de sus aliados, él les cortó las narices a sus emisarios y se hizo con ellas un collar. Su furia no tenía límites: en una noche de extravío arrojó a sus propios hijos a una hoguera. Para expiar este acto descabellado tuvo que realizar las doce proezas que le dieron la fama que aún tiene: capturar, encadenar, someter y asesinar a una serie de bestias. A esta parte de su biografía se referían los autores cristianos que ya desde el temprano medioevo propendieron a considerarlo como

un gran modelo de coraje, sentando las bases para que el anónimo autor renacentista del *Ovidio moralizado* lo propusiera abiertamente como un símbolo de Cristo. Y no es extraño que su avatar apareciera en el tráiler de la Cartera del Samaritano, organización cuyo líder participa de una tradición central entre predicadores en esta nación beligerante: la admiración del macho blanco y loco, aquel mismo que Pat Buchanan y Donald Trump invocaban en 1989 para que pusiera a salvo a nuestras mujeres. Es que la locura que lo lleva a la violencia desatada en las batallas y en la administración de la familia, el exceso en la aversión de otras etnias y otras religiones es una locura necesaria y admirable.

¿Cuál de los trabajos de su modelo antiguo emulaba este Hércules evangelista aparcado en la Quinta Avenida de la contaminada ciudad de Nueva York? El trenzado de las ramas viboreantes de los robles que formaban un entoldado sobre todos nosotros me hicieron pensar en la segunda de la lista de proezas, la matanza de la Hidra de Lerna, que era una serpiente de múltiples cabezas capaces de regenerarse: si le cortaban una, en su lugar le crecían otras dos. Vivía en un lago sin fondo que era también uno de los portales del mundo subterráneo. De vez en cuando salía a destruir aldeas y devorar rebaños en los territorios pantanosos que rodeaban su guarida. Hércules la mató siguiendo un procedimiento peculiar: cauterizando la herida cada vez que le cortaba una cabeza, hasta seccionarlas a todas. Al terminar, untó sus flechas con el veneno de la bestia para emplearlas en alguna de sus interminables, muchas veces estúpidas empresas. Y esas mismas flechas dictaron su patético final.

En mi último viaje a Italia, el verano anterior, había admirado una representación de la postrera jornada del titán que está en la Galería de Arte Moderno de Roma. Era el Hércules de Antonio Canova, que los curadores habían situado sobre el trasfondo de una magnífica obra del artista Giuseppe Penone, treinta y siete metros de un plano blanco y a medias cubierto por espinas de acacia que forman una curva donde reposa una lámina de oro. La escultura representa el momento en que Hércules está a punto de arrojar al mar a su fiel sirviente Lichas. Esta es la fase terminal de una cadena de acontecimientos que habían comenzado años atrás y cuya culminación se produce un día en que el héroe y su esposa Deyanira están a punto de cruzar un río turbu-

lento, y el centauro Neso les ofrece el favor de cruzar a la mujer sobre sus ancas. Hércules asiente, pero en lugar de eso el centauro hace el intento de raptarla. Hércules lo detiene en medio de su fuga disparándole una de las flechas embebidas en el virus de la Hidra, que al clavársele en el cuerpo hace manar una mezcla tóxica de veneno y sangre que empapa la túnica que llevaba puesta. Al comprender que está punto de morir, el artero y tortuoso Neso pergeña una venganza: le entrega a Deyanira la túnica letal y le asegura que tiene el poder de excitar el deseo de su esposo si es que él acepta vestirla aunque no sea por más que un momento.

Pronto se le presenta a esta mujer la ocasión de movilizar la falsa magia de la prenda. Un malicioso rumor le llega a los oídos: su esposo, Hércules, la engaña. Es la hora de emplear la túnica que ella cree afrodisíaca. Usa a Lichas de correo, y el héroe, al recibirla, se la pone y comete la imprudencia de acercarse a una hoguera cuyo calor funde y activa la mezcla venenosa, que le cae como un torrente de lava por la piel. El poeta latino Ovidio nos ofrece una descripción del incidente tan espeluznante como la de Poe al hablar de Valdemar.

[Hércules] trata –nos dice– de quitarse la prenda fatal, pero cuando tira de ella desprende fragmentos de piel, y (es repugnante decirlo) o bien se adhiere a los miembros de los cuales quiere en vano separarla o revela las partes del cuerpo laceradas y los masivos huesos. Su sangre misma silba y hierve con la violencia del veneno, como si fuera metal incandescente que arrojaran en un cuenco de agua fría. El dolor no tiene límites: el fuego le sustrae todo el aire del pecho; un sudor oscuro baña el cuerpo; sus tendones quemados crepitan. Con la médula licuándose a causa de esta secreta corrosión, levanta los brazos al cielo y exclama: «¡Juno, Saturnia, nutríos de mi ruina: devoradla y, crueles, mirad desde la altura toda esta destrucción, así vuestro salvaje corazón se sacia! Y si este sufrimiento os parece digno de compasión, aunque sea el de vuestro enemigo, tomad de mí esta vida de tristeza y odio, plagada de torturas, dedicada solamente al esfuerzo. La muerte sería un regalo para mí: el digno don de una madrastra».

Así exclama Hércules con el poco aire que le queda en los pulmones vertiginosamente incinerados por la acción del fuego que termina por reducir la forma mortal del héroe a una pira que se extingue mientras su parte inmortal asciende al cielo. Pero antes de que el proceso se consuma, toma de una pierna a su esclavo, inadvertido portador de su desgracia, y, después de revolearlo por el aire varias veces, tal como lo muestra la escultura de Canova, lo arroja al mar de Eubea. Y Lichas, suspendido en la altura, se convierte en una masa blanda que luego se resuelve en piedras de granizo que al caer se apilan y componen un roquedal muy temido por los navegantes.

Y yo tuve miedo de que Franklin Graham, tan impetuoso como el titán agonizante, bajara por la escalerilla de su tráiler envuelto en humo, vestido con su uniforme de campaña, enarbolando escopetas y ametralladoras escogidas en su enorme colección. Por eso cuando comenzó a abrirse la puerta deslizante del vehículo tuve el impulso irreflexivo de cerrar los ojos. Pero no lo hice, y vi aparecer a aquel hombre de sacón y de fedora que antes, cuando lo acompañaba una mujer de punta en blanco, era seguido por un tropel de camarógrafos. Era un representante de la oficina de relaciones públicas de la Cartera del Samaritano que nos pedía que tuviéramos paciencia, que el hospital no estaba listo todavía, que tal vez lo estaría en unas horas. Tenía los ojos muy claros y acuosos, y el cabello pajizo, al quitarse el sombrero, le flotaba sobre la frente con una de esas curvas imposibles que favorecen los hombres de su clase. Por lo demás, me pareció que tenía un curioso parecido con otra versión de Hércules que data de 1922 y fue realizada por el escultor Frederick William MacMonnies. Como le habían comisionado un conjunto alegórico para ser instalado frente a la sede del gobierno municipal, el artista optó por representar la Virtud Cívica triunfando sobre la deshonestidad, bajo la manera de un héroe desnudo que se alza sobre dos sibilantes sirenas, parientes sin duda de la Hidra, que se retuercen, domadas, a sus pies. Las sirenas, cuyas colas parecen menos de pez que de reptil, representan la Perfidia y la Corrupción que este hombre está a punto de extirpar del cuerpo de la ciudad enferma con la espada que se apoya sobre el hombro. La brutalidad evidente de la escena, la desaforada misoginia del conjunto suscitaron desde su instalación múltiples protestas, y la alegoría, al cabo de unas décadas, perdió su residencia frente a la municipalidad, fue transferida por un tiempo a un destino menos augusto en una avenida en Queens y terminó su trayectoria en una senda lateral en el cementerio de Greenwood.

La semejanza del personaje alegórico y el funcionario, sin embargo, me produjo menos escalofríos que la voz. Los términos en los que Poe describe el sonido que proviene de la boca del postrado Ernest Valdemar son perfectos para evocar la tonalidad de este evangelista: «podría decir, por ejemplo, que el sonido era áspero, quebrado y hueco; pero la espantosa totalidad es indescriptible, por la simple razón de que ningún sonido semejante impactó nunca los oídos de la humanidad». Poe agrega que la inaudita voz está dotada de dos cualidades distintivas. La primera de ellas (el hecho de que pareciera venir desde la distancia más extrema, desde una cavidad remota de la tierra) no me parecía caracterizar particularmente bien a este sujeto, pero sí la segunda: su capacidad de impresionar al que la oye «del mismo modo que una materia gelatinosa o glutinosa impresiona el sentido del tacto». Esta voz de virus anuncia que su dueño ha fallecido. Pero los movimientos de la lengua, que vibra y se bandea en la caverna de la boca, contradicen tal declaración. El magnetismo del hipnotizador ha puesto en pausa el proceso de la muerte, y durante siete meses nada cambia: el señor Valdemar sigue inerme y, si lo interrogan, responde como lo haría un buen alumno, con precisas y brevísimas palabras. El narrador, primero deslumbrado por los poderes de su ciencia y luego confundido por lo incesante de la suspensión, resuelve tratar de despertar a ese residente del suburbio de Harlem cuya condición nuestro lenguaje no es capaz de describir. Ensaya varios pases hasta que encuentra el que funciona, pero el señor Valdemar, en lugar de celebrar la posible inminencia de su regreso al universo de los vivos, profiere frases dolorosas: «¡Por Dios! ¡Rápido! ¡Rápido! ¡Póngame a dormir! ¡O –rápido– despiérteme! ¡Rápido! ¡Le digo que estoy muerto!».

Ese día, frente al hospital de campaña, ansioso por saber cuándo es que nuestra reanimación comenzaría, yo pensaba en el párrafo que concluye el relato: «Mientras realizaba rápidamente los pases mesméricos, entre las exclamaciones de "¡muerto!, ¡muerto!" que brotaban de la lengua antes que de los labios del paciente, su volumen entero, en el espacio de menos de un minuto, se encogió, se hizo trizas, se pudrió absolutamente entre mis manos. En la cama, frente a nosotros, se extendía una masa casi líquida de podredumbre repulsiva y detestable». Y yo, aterrado de que una tal licuefacción se produjera en pleno Central Park, me marché veloz, dejando atrás el cónclave fugaz de los periodistas y el vocero, y fui bajando por la Quinta Avenida, siguiendo la trayectoria que escogí cuando recién me había curado y tenía la intención incipiente de escribir un breve informe sobre el estado de nuestro municipio tras el anuncio de la Pausa. Sólo que allí donde había admirado la placidez de los porteros en los fosilizados edificios, ahora fijaba la mirada sobre las baldosas como quien va, casi sin luz, por una ciénaga.[1]

1. Destellos de estas dos caminatas me vendrían a la memoria al avanzar por el mismo corredor en el umbral del verano, algunos meses más tarde, cuando la pandemia había entrado en su cuadrante descendente. Fue el primero de junio. En menos de una semana el registro de la muerte de George Floyd a manos de un policía de Mineápolis había adquirido la eficacia de una sirena gigantesca, desaforada, omnipresente: su estridencia forzaba a los vecinos a emerger de sus refugios. Las protestas combinaban la solemnidad de un memorial con el frenesí de una estampida, y las pancartas competían en elocuencia y variedad con los diseños de las máscaras. Ese día yo era parte de una de las momentáneas multitudes que se congregaban en Brooklyn, en el Bronx, en el sur y el norte de Manhattan. Nuestro presunto destino era la Torre Trump, en la calle 54, pero a veces las columnas cambiaban de dirección sin previo aviso, a la voz de transitorios líderes, dividiéndose y fusionándose con otras según reglas enigmáticas. Todos teníamos grabadas en la mente tal o cual secuencia del sórdido vídeo del asesinato, pero ahora, a las siete en punto de la tarde, fijábamos la vista en nuestros teléfonos para ver lo que ocurría en Washington, donde desde hacía mucho tiempo el presidente, renunciando a gobernar, se había convertido en un comentarista intempestivo e irritado: no formulaba ya ordenanzas sino gemebundos tuits de queja por lo injusto del destino que le había enviado tantas plagas y tuits desaforados que reclamaban (pero ¿a quién?) el exterminio de las hordas ululantes de matones negros que su imaginación alucinaba. Describía las protestas con los términos que había empleado en su solicitada de 1989 para demandar la aplicación de la pena de muerte a cinco jóvenes de Harlem: los azotes y el patíbulo le seguían pareciendo imperativos para borrarles del rostro a los rebeldes la carcajada petulante. Y para convencernos de la vigencia de su autoridad había resuelto ejecutar una vez más los pasos del ballet del blanco varón enloquecido. Su guardia pretoriana había avanzado sobre los manifestantes que acampaban frente a la cerca de la Casa Blanca disparando salvas de gases lacrimógenos y bolas de pimienta, y a las siete, cuando el humo se había disipado, Donald J. Trump apareció por el portal de su jardín y traspuso la cuadra que lo separaba de una iglesia en cuyo frente posó con una Biblia entre las manos para una fotografía que esperaba aprovechar en la publicidad de su campaña.

Pero las expresiones en los rostros de los generales y ministros que formaban su cortejo delataban que también ellos, al observar esta nueva alegoría de la Virtud Cívica, veían lo que veíamos nosotros: que la gira iba cerrándose; que los teatros eran cada vez más diminutos, los aplausos cada vez más desganados y las luces cada vez más pálidas. Todos los signos indicaban que era el comienzo de la reanimación, la clausura de la fase de completa penumbra del eclipse. E incluso la Cartera del Samaritano, cuyo acuerdo con el Hospital del Monte Sinaí fue cancelado bajo presión de doctoras, enfermeros y activistas, había terminado hacía apenas unos días de despachar a sus pacientes, desmontar las tiendas, monitores y letrinas, desinfectar las camillas e instrumentos y guardar todo en remolques adornados con figuras de benévolos titanes para seguir por una ruta más propicia su insistente caravana.

Móviles morgues

El rapto de Peter Pan. El naufragio del General Slocum. *La ciudad en blanco y negro. Los Reyes Termales. Cárceles, asilos, cementerios. La Morgue de Emergencia #4. El tiempo medido por los pájaros. Una multitud inesperada.*

La estatua de Peter Pan que ahora reside en un rincón del parque Carl Schurz, en la costa Este de Manhattan a la altura de la calle 87, fue instalada en el año de 1928 en el hall de entrada del viejo Teatro Paramount, uno de los establecimientos principales del Times Square de entonces. La figuración muy femenina de esta criatura de ficción acompañada por un ciervo, un sapo y un conejo había sido puesta en aquel sitio para que presidiera el cónclave confuso de las multitudes que arrastraban tapados y levantaban cócteles en dirección a la gran sala, donde las bandas de swing más conocidas (las de Benny Goodman, Glenn Miller y Tommy Dorsey) proferían piezas estruendosas; donde Jerry Lewis y Dean Martin desplegaban sus juegos de gestos y palabras; donde Elvis Presley estrenaba sus películas. Y cuando el Teatro Paramount, después de cuatro décadas de vida, fue clausurado, Peter Pan tuvo la suerte de encontrar una benefactora que financió su mudanza a este paraje que, al ser más silvestre, es más congruente con su espíritu. Pero también se reveló más peligroso: hace poco más de veinte años un grupo de adolescentes que venían de no sé qué bacanal lo separaron de su base, lo llevaron en andas hasta la costanera y lo arrojaron al East River, donde tuvo que esperar abrazado a sus mascotas durante dos terribles días hasta que los detectives asignados por la policía descubrieran su siniestro paradero y organizaran el rescate. Y el rescate no fue fácil: minutos después de que los buzos descendieran al agua calma se desató una correntada sorpresiva cuyo arrastre no los dejaba amarrarle a la breve cintura los cables de acero que les permitieran a sus compañeros en la altura, en una lancha, desprenderlo de sus trabas y restituirlo a su sede. Pero otro cambio abrupto en el entorno líquido lo liberó, y una vez que le dieron un buen baño pudo regresar a su pedestal, donde la mañana de abril en que lo fotografié seguía extraviándose en sus locas fantasías.

Luego de fotografiarlo subí por la misma escalera que habían infamado sus torturadores y me asomé como ellos al East River, la rama del Atlántico que confina la isla de Manhattan. El océano, en efecto, una vez que se ha angostado en la bahía de Nueva York, alcanza la punta de Wall Street, donde, girando hacia el

norte, va subiendo por un cañón estrecho creado por antiquísimas glaciaciones hasta que se encuentra con el breve río Harlem, que termina a la altura de la calle 100 su descenso diagonal desde el más grueso y grave Hudson. En ese punto, el estuario se tuerce un poco hacia el este y, trasponiendo la barrera parcial que le ponen las islas de Randall y Ward, va ensanchándose de nuevo a medida que se aleja de Manhattan, separando Queens del Bronx y los dos barrios de la isla de Rikers, sede del principal presidio de la ciudad, tras lo cual desemboca en el Long Island Sound, que no es sino otro brazo del mismo océano. El East River fue el eje principal de la ciudad durante los primeros siglos de su existencia, cuando era una potencia fundamentalmente portuaria. Pero siempre fue difícil de navegar. Particularmente endemoniada es la sección donde se encuentran las aguas provenientes de la bahía, el Long Island Sound y el río Harlem, que desde hace siglos recibe el nombre de Hell Gate, la Puerta del Infierno. El encuentro de mareas de periodicidades diferentes, las colisiones de napas de aguas de diversa densidad causan torbellinos súbitos y cambios repentinos de dirección de la masa líquida, y una general arritmia impera en la superficie mientras en el fondo, entre las rocas, los desperdicios de miles de celebraciones y los restos de cientos de naufragios, el desorden es peor.

Las aguas en la Puerta del Infierno, la mañana de mi visita, estaban muy picadas. Y yo meditaba en el hecho de que precisamente allí donde tuvo lugar el holocausto parcial de Peter Pan se declaró el incendio que hasta el 11 de septiembre del año 2001 había sido la mayor catástrofe puntual de nuestro municipio. Allí, en 1904, frente a la punta septentrional de la isla de Roosevelt, sucedió que las llamas que llevaban algunos minutos extendiéndose por el vientre del buque a vapor *General Slocum*, el fuego que se había generado en el depósito donde guardaban los cajones que habían llenado de paja para proteger las copas de cristal que los pasajeros levantaban en el salón de fiestas, avanzó por los corredores y ascendió por las tuberías hasta irrumpir en la cubierta. El buque había zarpado diez minutos antes desde un muelle en la Pequeña Alemania, el sector del East Village donde

por entonces vivían miles de inmigrantes alemanes, y donde pululaban las cervecerías, los clubes de canto coral y las iglesias que anudaban una trama social muy estrecha. El *General Slocum* era una enorme y ya vetusta estructura flotante que los días de verano transportaba a los bañistas de Manhattan rumbo a Coney Island o la península de Rockaway, aunque la compañía a la que pertenecía también lo alquilaba para festividades y excursiones programadas por asociaciones cívicas y religiosas de todas las especies. Al final del año lectivo de la escuela de catecismo que funcionaba en su parroquia de la calle 6, el pastor Robert Haas lo contrató para que llevara a los niños con sus madres, sus abuelas, sus niñeras y sus tías a lo largo del East River, bebiendo leche helada y comiendo pasteles de durazno al ritmo atolondrado de una banda local, en dirección a un prado costero en el norte de Long Island, donde planeaban extender mantones para que las damas se sentaran a conversar mientras sus críos atiborraban el espléndido día de verano de juegos y canciones. A la hora de partir, eran más de mil trescientos pasajeros.

Los trabajadores de la sala de máquinas fueron los primeros en notar el avance del incendio. Sin preocuparse al principio demasiado desenrollaron las mangueras de tela gruesa que colgaban por todos los pasillos, pero descubrieron que las mangueras no servían (la compañía propietaria del vapor había descuidado su mantenimiento, y los inspectores municipales habían pretendido que ignoraban que estaban plagadas de perforaciones). Entonces se precipitaron hacia la cubierta dando alaridos de alarma y espanto, seguidos por columnas de humo grueso y aturdidos por el sonido sibilante que produce el fuego cuando avanza, y saltaron por la borda dejando atrás el pandemonio. El pánico entre los pasajeros se desató en unos segundos, y fue el sálvese quien pueda. Eran tiempos en que las mujeres, por prescripción masculina, no nadaban, y las pasajeras del *General Slocum* vestían sus amplios, detallados trajes de domingo, de manera que al imitar a los prófugos y zambullirse tomadas de la mano de sus hijos, los volúmenes de tela empapada operaban como pesas y las arrastraban hacia el fondo. Y si se habían puesto alguno de los salvavidas que descubrían en paredes y arcones era peor: el tiempo había hecho polvo el corcho que los rellenaba, y el polvo al contacto del agua se convertía en una arcilla que aceleraba el hundimiento.

Cuando las voces de desesperación y los pedidos de socorro llegaron a la cabina del capitán, este tomó una impetuosa decisión: habiendo descartado la idea de alcanzar los muelles de Queens o la isla de Ward, frente a la cual iban pasando, conduciría el barco a la mayor velocidad, contra el viento de proa, hasta encallar en un islote próximo a la costa sur del Bronx que por entonces alojaba una serie de pabellones para enfermos de viruela, tuberculosis, lepra y tifus. El East River de entonces no era el cuasidesierto náutico de ahora: una multitud de embarcaciones lo recorrían, y clubes de remo pululaban en la costa, de manera que pronto botes, veleros y pequeños navíos acudieron al rescate y se pusieron a seguir al vapor del cual caían cascadas de personas hasta que encalló en unos roquedales al norte de la Puerta del Infierno. Equipos improvisados de rescate concluyeron en el mayor de los fracasos: de los mil trescientos pasajeros ese día fallecieron más de mil.

Y de esos mil ahogados, después de una semana de trabajo los buzos habían podido rescatar a menos de quinientos. Los cuerpos grávidos de las zambullidas habían quedado presos en el lecho que después de siglos de naufragios y descargas de toda clase de residuos era una selva de chapas, troncos, vidrios y fragmentos de carcazas animales. Pero vino una tormenta de verano. Las ráfagas de viento sonaban como azotes, los truenos paralizaban de terror a los gatos y los niños, y de repente decenas de cadáveres empezaron a ascender a la superficie, confirmando una teoría de ese tiempo: la de que las vibraciones sonoras, si son suficientemente poderosas, revientan el bazo de los muertos, provocando un sacudón que los libera de lo que fuera que los retenía allá en el fondo. Al observar el fenómeno, los jerarcas de la Marina, para imitar la acción de la tormenta, enviaron a sus lanchas con toda la dinamita que pudieron encontrar a la parte del East River por donde había pasado el barco en llamas, y las explosiones provocaron el surgimiento de cientos de columnas líquidas, convirtiendo al estuario entero en uno de esos espectáculos de aguas danzantes que ciertas ciudades les ofrecen a los turistas, pero en una versión de pesadilla.

En aquella ocasión las riberas se llenaron de espectadores. No es de extrañarse. Varias veces en el curso de este año me encontré repitiéndome el párrafo inicial de «El entierro prematuro»: «Hay ciertos temas cuyo interés es absorbente, pero que son demasiado horribles para los propósitos de la legítima ficción. El narrador debe evitarlos si no quiere ofender o repugnar. Solamente es posible tratarlos cuando la severidad y la majestad de la Verdad los santifica y sostiene. Nos estremecemos, por ejemplo, con el más intenso "dolor placentero" con los relatos del Paso de la Beresina, el Terremoto de Lisboa, la Plaga en Londres, la Masacre de San Bartolomé o la asfixia de ciento veintitrés prisioneros en el Pozo Negro de Calcuta. En estas narraciones es el hecho, la realidad, la historia lo que excita. Si fueran invenciones, deberíamos aborrecerlas». El caso es que la población de esta ciudad (tal vez de todas) ha sido siempre muy aficionada al «dolor placentero», así como a las explosiones. Cuando en el año de 1885 la Marina voló un islote especialmente insidioso llamado Roca de la Inundación empleando ciento cincuenta toneladas de explosivos, cincuenta mil personas acudieron a la costa a presenciar el momento en que la señorita Mary Newton, de doce años, apretó el detonador, y el estallido produjo un géiser de ochenta metros de altura. Fue la detonación más poderosa realizada en el país hasta que una bomba nuclear fue probada cerca de Alamogordo, en Nuevo México, en julio de 1945, y, además de la majestuosa columna de agua, generó un torbellino que un cronista del evento comparó con el Maelstrom, el fenómeno marítimo que describe o imagina uno de los relatos más comentados de Poe.

Es probable que conozcan, al menos de oídas, este texto de 1841 que narra la experiencia de cierto marino noruego en la sórdida orilla de un mar cuyo movimiento es, en el día de tormenta en que lo encontramos, «en absoluto semejante a una crecida, sino un breve, veloz, rencoroso entrecruzarse de aguas en todas las direcciones». Igual –me dije– que el inestable East River que yo observaba temiendo un poco que esta agitación generara, como el océano del cuento, una corriente cuya descomunal velocidad aumenta hasta que la masa acuática rompe en furia, y el vasto lecho líquido se precipita «en una convulsión frenética –atropellando, hirviendo, chillando– girando en innumerables vórtices gigantes». Temía que se formara el Maelstrom que el narrador describe como «un tremendo embudo cuyo interior, tan lejos como el ojo puede alcanzarlo, era una pared de agua pulida, brillante, completamente negra», que parece fabricada de ébano fluido. Es el efecto de la velocidad estratosférica del agua, que hace que el marinero capturado en la entreabierta cavidad sienta no tanto terror como aceptación e incluso una curiosidad que lo induce a observar el panorama de objetos que giran a su alrededor como si fueran criaturas voladoras y escrutar el fondo del vórtice que otros le han dicho que da acceso al centro de la tierra, pero en el cual no puede distinguir nada, «a causa de una densa niebla que envolvía todo, y sobre la cual se suspendía un magnífico arco iris, semejante a aquel estrecho e inestable puente que los musulmanes consideran el único pasaje entre el Tiempo y la Eternidad». Porque la caída en el Maelstrom, túnel vertiginosamente inmóvil, agente de la desaparición y el renacimiento, sitio donde se extiende un puente entre los mundos, es, como la fase de semivida o semimuerte de aquel narrador de «Pérdida del aliento» o del señor Valdemar, venerable vecino de Harlem, una de las muchas figuras de la Pausa.

Mi familiaridad de siempre con este texto es una de las causas por las cuales siento la mayor ambivalencia cuando visito las fuentes negras y sin fondo por cuyas paredes cae un líquido incesante que son la pieza principal del memorial del 11 de septiembre del año 2001. A pesar de la atracción del monumento, no puedo evitar imaginar que el Maelstrom que evoca repite *ad infinitum* en los tonos impecables del mármol oscuro y el cemento lustrado el paso de lo que allí existía a la más estricta ausencia. Los bordes nítidos de este cubo en negativo son el signo de una época que cree que es simple decidir cuál es el límite entre la vida y la muerte, que se ha librado de las viejas historias de descensos o ascensos progresivos, de transiciones inciertas. Pero cuanto más nos preguntamos qué cosa es la vida, cuáles son sus bordes, en qué condiciones puede haber comenzado y de qué manera se produce la dispersión del agregado que somos, qué tránsitos siguen las poblaciones de virus, bacterias, compuestos de células e incluso, quién sabe, las partículas de sensibilidad que se asocian para formar nuestra experiencia, cuanto más interrogamos la figura tan familiar para nosotros de la «vida» menos obvio se nos vuelve en qué consiste y más podemos sentirnos tentados a creer, con Edgar Allan Poe, que nada muere nunca, o, con Andy Warhol, que todo vive sólo a medias. Por eso cuando me pongo a conjeturar cómo será el memorial a las víctimas de esta pandemia, que al parecer van a edificar en la isla del Bronx donde se realizan los entierros colectivos de los difuntos que nadie reclama, la mente se me va en la dirección de memoriales más antiguos y gentiles,

menos lapidarios y tajantes, como cierta pareja que levita, apenas retenida por el mármol transparente, que conmemora en el cementerio de Woodlawn a las víctimas de esa otra catástrofe del mar, el hundimiento del *Titanic*.

Habiendo visitado la silvestre residencia de Peter Pan y el sitio donde el río casi se lo traga, fui caminando, por andar en alguna dirección, hacia el norte, con la vaga idea de llegar a Harlem. Pronto atravesaba el viejo distrito de Yorkville, adonde se mudaron la gran mayoría de aquellos residentes de la Pequeña Alemania que, en la postrimería del desastre, ya no podían quedarse allí donde todo les hablaba de la ausencia de las víctimas. Las manzanas del Upper East Side donde vivía esta gente fueron en los años treinta el caldero principal del nazismo en la ciudad. Y debe ser por eso que me vino a la mente cierto pasaje de *La piel*, un libro del escritor italiano Curzio Malaparte publicado en las postrimerías de la Segunda Guerra Mundial. *La piel* es una colección de memorias alucinadas del año que el autor pasó como enlace entre las tropas americanas y la población local en Nápoles, memorias que, asociadas a intrincadas meditaciones sobre el comportamiento de los pueblos y los líderes de una Europa en ruinas, forman un volumen inclasificable e hipnótico que era una de las pocas lecturas que la distracción permanente que sufría en la fase más intensa de la peste me permitía realizar. En determinado momento el narrador nos habla de un día en que iba atravesando una «calle desnuda, desierta, inmóvil, bañada por la misma luz lívida y gélida que ilumina al sesgo ciertos planos de las películas documentales. El azul del cielo, el verde de los árboles, el turquesa del mar, el amarillo, el rosa y el ocre de las fachadas de las casas se veían apagados; todo parecía en blanco y negro, ahogado en un polvo gris semejante a las cenizas que llueven sobre Nápoles durante las erupciones del Vesubio». Pero la causa de la precipitación no es el volcán sino los bombardeos. El polvo surge del derrumbe de los edificios en la ciudad vieja, donde las bombas también han penetrado el techo de una cueva donde cientos de napolitanos se habían guarecido. Hacia allí Malaparte ve correr a los parientes de los pobres refugiados, organizados en cuadrillas de rescate que se trepan a los cúmulos de escombros, cavan túneles rápidos y desentierran cuerpos íntegros y miembros seccionados. Como a veces no se sabe si los rescatados siguen en vida o están muertos, como nadie se convence de que su muerto está bien muerto hasta que un médico lo confirme, las caóticas bandas resuelven llevar todo lo que encuentran a los hospitales, y, para compensar la ausencia de ambulancias, desde los barrios más pobres van llegando centenares de carretas y carretillas de todas las especies, donde apilan a las víctimas. Malaparte sigue el cortejo en dirección al hospital, junto a la turba pobre que grita, aúlla, exclama y despierta a los durmientes que en plena noche se asoman a los balcones, agitando los brazos, llorando e invocando a la Virgen y a San Genaro. Cuando la caravana llega a su destino, la multitud de parientes y vecinos les entrega a los enfermeros su triste carga, pero la impaciencia les impide esperar en la calle o en los patios, y pronto invaden el hospital «como una manada de lobos, jadeando, apretando los dientes, escudriñando de puerta en puerta, corriendo con la cabeza gacha por los vestíbulos del antiguo edificio, fétido y cochambroso por culpa del tiempo y el abandono».

Y da el caso de que poco después de recordar este pasaje me topé con la mole en blanco y negro del Hospital Metropolitano, que eleva su lívida y torpe geometría en la calle 97. Nunca le había prestado atención al edificio, pero sabía del rol que había cumplido en el caso de los adolescentes de Harlem condenados tres décadas atrás en base a confesiones fraguadas. En abril de 1989, cuando dos caminantes accidentales encontraron entre los árboles de la Cañada el cuerpo inerme de Patricia Melli, la policía ordenó que la llevaran a ese hospital público, el más cercano al sitio de los hechos, donde permaneció en coma durante varias semanas. La prensa concurrió de inmediato y se instaló en la entrada de emergencia, y de haber podido algunos de ellos hubieran ingresado en los pasillos con la misma decisión que aquellos napolitanos que iban en busca de sus heridos, a ver si podían curarlos, o de sus muertos, a ver si podían revivirlos o al menos recordarles que, durante el viaje de ultratumba que recién iniciaban, intercedieran por los que quedaban en el mundo de los vivos, moviendo rocas y empujando carretillas. Pero ahora

en ese ingreso no había nadie más que un par de empleados descansando debajo de carteles de neón más propios de un motel que de un hospital. Y cuando, siguiendo un impulso del momento, avancé por el sendero de asfalto, me vieron pasar sin decir nada.

No tenía ningún objetivo en particular. De ninguna manera pretendía entrar en el edificio, sin duda abrumado por un torrente de enfermos. Por otra parte, apenas acababa de dar unos pasos me paralizó la visión de uno de aquellos remolques frigoríficos que se empleaban para conservar a los muertos. No era la primera vez que me encontraba con uno de los miembros de esta especie melancólica, pero lo estrecho del callejón donde estábamos hizo que su aparición me sobresaltara como no lo había hecho descubrir hacía poco a uno de ellos en la puerta del Hospital Lennox, suplementado por una estructura de caños y telas como de puesto en una feria falsamente medieval. Ya lo dije: en los peores días de la pandemia, cuando en la ciudad fallecían casi mil infectados por día, las morgues de los hospitales no daban abasto, y el gobierno del estado les envió esos remolques

que en tiempos normales se usan para transportar alimentos pe-
recederos. Allí el personal de los centros de salud alineaba a las
víctimas amortajadas para que esperaran a que los deudos les
encontraran un lugar en alguno de nuestros cementerios. Los
primeros días del desastre, para mantener la buena forma, los
hospitales trataban de esconderlos. Nos avergonzaba a todos su
abúlica docilidad y su mutismo, el aspecto insectoide que les daba
la trompa de la cual cables o tubos colgaban como lenguas, y el
hecho de que muchas veces tenían inscrito en plena facha la marca
de la compañía que los fabrica –Thermo King, el Rey Termal–
además la palabra que designa el modelo (*whisper* o «suspiro»)
pero que era difícil no imaginar como su forma de lenguaje.

Estos refrigeradores eran, en efecto, la primera estación de
las víctimas del Covid-19, que casi siempre habían fallecido en
salas herméticas de las cuales los familiares y otros prójimos estaban excluidos. A veces, muy pocas veces, esos familiares podían ver a sus declinantes esposas, padres o hijas a través de una
mampara de cristal, pero lo más común era que las confesiones
de último momento, la expresión de los deseos más íntimos, las
frágiles frases de despedida se pronunciaran por WhatsApp. Entonces empezaba la loca carrera de los deudos en busca de una
casa funeraria que se hiciera cargo del cadáver. Porque los Reyes
Termales, a pesar de la arrogancia de su porte, tienen poderes
limitados: pueden conservar los cuerpos por poco tiempo. Al
principio de la pandemia los funcionarios de los hospitales les
daban a los deudos dos semanas para encontrarle al difunto un
destino. Si no –les decían– no tendrían otro remedio que enterrarlo transitoriamente en alguna de las fosas colectivas que
otros empleados estaban ya cavando en el cementerio para indigentes de la isla de Hart, en el borde último del Bronx. Allí se
quedarían hasta que la crisis amainara y se pudiera volver a la
costumbre de los velorios, los transportes en lentas limusinas,
los atuendos negros, las plegarias, las coronas. La situación era
simétrica a la del Nápoles de Curzio Malaparte, que en su libro
había escrito que «el duelo, en Nápoles, es duelo común, no de
uno solo, ni de pocos o de muchos, sino de todos»: en Nueva
York, esos días en que una distancia intransitable no sólo se ha-

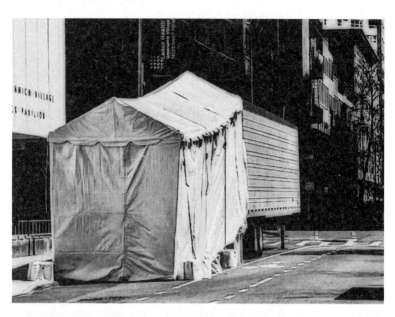

bía establecido entre los vivos, sino entre los vivos y los muertos, el duelo, conducido por miles en estricta soledad y a los susurros, parecía ser de nadie.

Abruptamente me sacó de estos pensamientos un empleado del hospital que venía caminando en mi dirección agitando los brazos como quien espanta a una alimaña que hubiera entrado en su jardín. Salí avergonzado de mi curiosidad, preguntándome si no era yo, después de todo, un descendiente de aquellos devotos del «dolor placentero» que Poe posiblemente despreciaba y cuyas demandas sus textos satisfacían. Caminé con la rapidez propia de un ratero las dos cuadras que me separaban del East River, en cuya orilla me encontré a la vista del curioso puente peatonal que a la altura de la calle 106 une Harlem y las islas de Ward y Randall, dos masas rocosas que ocupan el corazón mismo de la Puerta del Infierno. Procedí a cruzar el puente hacia estas islas que en el pasado estaban separadas pero fueron consolidadas por el funcionario Robert Moses, vástago de una prominente familia de Connecticut que llegó a ser, entre la década de 1920 y la de 1960, el Comisionado de Parques de la Ciudad de Nueva York (que se ocupa no sólo de los parques y las plazas, sino de las playas, los estadios, los zoológicos, los jardines botánicos y las áreas destinadas al entretenimiento de los niños) y de su Comisión de Planeamiento (que se ocupa de las autopistas, los puentes, los túneles, la construcción de complejos edilicios para ciudadanos necesitados, la venta a empresarios particulares de lotes del estado). Moses, más que ningún otro individuo, es el responsable del trazado y el perfil de la ciudad que hoy por hoy conocemos: a él le debemos el puente Triborough que une Manhattan, el Bronx y Queens, el túnel que vincula Wall Street con Brooklyn, el puente Verrazzano, que se extiende entre Brooklyn y Staten Island, y el puente de Throgs Neck, entre el Bronx y Queens, unidos por el Bronx-Queens Expressway, parte de una red diseñada por Moses que incluye al Cross-Bronx Expressway, el Staten Island Expressway y no sé cuántas otras carreteras que van entre las playas que estableció en la costa sur de Long Island, la costa norte del Bronx y las arenas increíbles de la península de Rockaway, sitios de entretenimiento y ejercicio a los que hay que agregarles doce piscinas, algunas de dimensiones olímpicas, el parque de Flushing Meadows, el Estadio de Shea, dos Ferias Mundiales y el Lincoln Center, por no hablar de innumerables complejos de viviendas económicas. También le debemos la destrucción de vecindarios enteros y la invención de nuevos modos de practicar el viejo deporte municipal de la venta de beneficios y prebendas a los máximos patrones del universo inmobiliario.

En el East River Moses empleó, para componer una gran masa de otras más pequeñas, el método preferido por los hombres de su generación: rellenar los estrechos que las separaban con ceniza y arena, asegurando la integridad de la estructura con barreras y muros de cemento y roca. Seguía una tradición municipal que dictaba que era necesario, para estimular la actividad económica y atender al bienestar de los ciudadanos, simplificar la geografía del archipiélago, eliminando los territorios de menos extensión e incrementando la superficie de los que quedaban. Pero su ambición para la nueva isla de Ward y Randall –convertirla en un parque para los vecinos ribereños– fue frustrada por otra tradición nuestra, ahora casi abandonada: la de destinar las islas menores para alojar a todos aquellos ciudadanos que las islas mayores (y sobre todo Manhattan) no querían. El paradigma inicial de esta estrategia fue la flaca banda que hoy se llama isla de Roosevelt, cuya punta sur enfrenta la sede de las Naciones Unidas (puesta allí por Moses), donde antes había un matadero, y se extiende hasta la altura de la calle 85. Durante siglos fue un retiro apenas habitado, resueltamente rural, propiedad de cierta familia Blackwell que lo vendió en 1828 a la ciudad, que procedió a construir allí una penitenciaría. En 1841 se inauguró un manicomio y poco después el Hospital Penitenciario, seguido en 1858 por el Hospital de la Ciudad, el más grande del país. Para entonces la reputación de la isla se había deteriorado enormemente. Cuando las autoridades llevaron al célebre Charles Dickens a visitar las instalaciones de los sanatorios, este les pidió a sus huéspedes que lo eximieran de completar la excursión, de tan asqueado que lo dejaba ver las aglomeraciones infernales de toda clase de enfermos y guardianes que, por espíritu ahorrativo, contrataban como sirvientes y ayudantes a los presos que salían de la cárcel, a dos pasos, ofreciéndoles salarios no en dinero sino en whisky.

El manicomio fue transferido en 1894 a la isla de Ward, que estaba todavía separada de la isla de Randall, en su ribera norte, por un canal angosto (Pequeño Puerta del Infierno era su nombre). Ya desde principios del siglo xix junto a este mero hilo de agua salada había un cementerio para muertos paupérrimos o anónimos, pero la carrera para la ocupación del territorio se disparó en 1847, cuando el gobierno municipal inauguró allí el primer refugio destinado a inmigrantes en la miseria, además de los niños cuyos padres habían muerto en el trayecto transoceánico (los que se disputaban las Hermanas de la Caridad y los emisarios protestantes en busca de criaturas que enviar al Medio Oeste). Siete años después fue edificada una Casa de Refugio administrada por la Sociedad para la Reforma de los Delincuentes Juveniles y capaz de alojar a quinientos adolescentes, casi todos varones e irlandeses, que tomaban clases de religión y fabricaban poltronas y zapatos para los comerciantes de Wall Street. Después vino el Asilo para Idiotas, y el Asilo para Ebrios, y por fin el Asilo para Lunáticos Varones que más tarde se convirtió en el Hospital Estatal de Manhattan, que al final del siglo xix, con sus cuatro mil trescientos pacientes, era el sanatorio psiquiátrico más poblado del mundo entero, y que siguió creciendo hasta el clímax de 1926, cuando siete mil enfermos se apilaban en una colonia de deteriorados pabellones.

Ni siquiera el extraordinario Robert Moses, que hizo el intento, pudo domar el territorio: estableció por aquí sus oficinas, a la sombra de los puentes que había tendido para unir los barrios dispersos de Manhattan, Queens y el Bronx. Como dije, su intención era cerrar los institutos terapéuticos y disciplinarios como preludio para la conversión de la isla entera en un segundo Central Park. Pero no logró que la administración municipal clausurara el hospital ni cancelara la planeada construcción de una planta procesadora de desperdicios cloacales, de modo que el sueño de prados ondulantes y titánicas piscinas que durante años había abrigado se fue encogiendo hasta acabar por reducirse a un mero estadio olímpico que al principio fue la escena de históricas proezas de atletismo y terminó como un predio terroso de conciertos. En los años cincuenta el hospital psiquiátrico obtuvo un nuevo y vasto edificio que ahora, después de décadas de reformas que han resultado en la disminución del número de enfermos en residencias hospitalarias y la delegación de una buena proporción de los antiguos lunáticos al cuidado de las cárceles, está parcialmente vacío. Y lo que queda en gran medida allí es una mezcla de las dos instituciones: el Kirby Forensic Psychiatric Center, que aloja a enfermos peligrosos.

Mientras pasaba frente a este imponente edificio pensaba que la calma por aquí no era menos sorprendente que en Manhattan. En los últimos años, con el cierre de muchas de las instituciones que solían poblar el territorio, gran parte de la superficie se ha ido convirtiendo en un campo de deportes, plagado de canchas de fútbol y béisbol, instalaciones de minigolf y una escuela de tenis dirigida por John McEnroe. Pero también subsisten algunas organizaciones dedicadas a la gente sin techo, como el enorme y ruinoso Refugio para Varones Clark Thomas y la Casa de la Odisea, que les ofrece camas para pernoctar a madres adictas y a sus hijos. Estos refugios, a causa del virus, habían sido vaciados por el gobierno municipal, que había enviado a los antiguos residentes a hoteles que ya no frecuentaban los turistas. Por eso (y porque la práctica de los deportes de equipo había sido interdicta) la calle usualmente animada que atraviesa de sur a norte la isla de Ward y la de Randall estaba ominosamente desierta. Tampoco había nadie en el sendero que va bordeando la costa frente a East Harlem y que yo iba recorriendo. Me había llevado a ese camino la costumbre: era por allí que solía tomar cuando, al principio de la primavera, montaban en esta isla una lujosa, gigantesca carpa blanca que aloja los puestos de las galerías que exponen sus mercancías en la feria de arte Frieze. La mayor parte de la estructura se asienta sobre un estacionamiento para los automóviles del público que asiste a los eventos deportivos y artísticos en el Estadio Carl Icahn, sucesor del estadio olímpico de Moses, precisamente en el sitio donde a comienzos del siglo xix estaba el cementerio para extranjeros sin familia e indigentes.

Entre el Centro Kirby y ese estacionamiento hay un breve panorama que me encanta. Allí se extiende a lo largo de doscientos metros un entrante del East River que es el último rastro del canal que separaba la isla de Ward de la de Randall. Recientemente ha sido convertida en una ilustración viva del lugar tal como era antes de las calles, los puentes, los estadios, las canchas de tenis, los refugios: un terreno anegadizo donde los sauces hunden sus raíces en el barro impregnado de sal y los confusos pastizales son recorridos por cangrejos. Es difícil no sentirse allí un poco como en un parque temático, donde la simulación de lo salvaje es tan convincente como nosotros queramos consentirlo. Pero yo pronto me olvido de que la escena es un montaje: la variedad de la vegetación es tan grande y su estado tan mutable que es posible visitarlo todos los días sin que la curiosidad se nos embote. Como siempre que estoy en el vecindario, fui a verlo, y a medida que me iba acercando al puente de madera que atraviesa el canal comencé a atisbar una aglomeración de volúmenes blancos en el sitio donde en abril montan la carpa hiperbólica de Frieze. Y pronto me di cuenta de que los volúmenes en cuestión eran decenas de remolques frigoríficos, y subí a un terraplén cercano para abarcar mejor el panorama.

Me pregunté si este era uno de los sitios al que los Reyes Termales regresaban desde los hospitales con sus cargas, una de las morgues provisorias donde yacían por un tiempo las víctimas del desastre en curso, o bien el sitio donde esperaban el momento de consagrarse a su tétrica tarea. La respuesta llegó pronto: un grupo de cinco o seis trabajadores que transportaban varillas y tablas se fue acercando; abrieron uno de los remolques, que estaba vacío, y empezaron a edificar una estantería. Y si parecían no saber del todo bien cómo hacer su trabajo, si se quedaban parados observando el interior metálico del tráiler, habrá sido porque era de las primeras. Entonces yo no lo sabía, pero ahora puedo decirles cómo fue, en líneas generales, el procedimiento que la ciudad adoptó para enfrentar el desafío de una corriente imparable de cadáveres. El 13 de marzo murió el primer enfermo de Covid-19, y seis días después el primero de los hospitales solicitó a la Oficina del Examinador Médico en Jefe (OEMJ) el primer Punto de Recolección de Cuerpos (PRC), que es el nombre que aquella oficina les dio a los remolques. A la semana se organizó el censo diario de decesos, dos días antes de que todos los hospitales de Nueva York los hubieran recibido. Pero los que había no eran suficientes, de manera que la OEMJ les indicó a los hospitales que instalaran estantes de manera que aquellos remolques que podían contener cuarenta y cinco cadáveres fueran capaces de alojar a cien.

El cuatro de abril, tres días antes del pico de decesos (ochocientos casos confirmados de Covid), cuando había ochenta y tres vehículos funerarios estacionados en patios y calles, la OEMJ les ordenó a los centros de salud que cedieran los cadáveres que no hubieran sido reclamados en el breve curso de seis días para su entierro provisorio en el cementerio de la Ciudad, en la isla de Hart, aunque luego el período de gracia se extendió a catorce días (a la larga se suspendieron los entierros provisorios, y sólo se envió a las fosas colectivas del mencionado cementerio a los que pudiera asumirse que permanecerían allí para siempre). El 12 de abril fue el pico de hospitalizaciones: más de doce mil, y al día siguiente los hospitales recibieron la instrucción de no mantener a los difuntos en sus depósitos rodantes por más de un mes; para aliviarles la presión, empezó el montaje de la Morgue Portátil para Desastres #4, un galpón en Brooklyn capaz de mantener mil quinientos muertos congelados durante períodos indeterminados de tiempo. Era necesario: a mediados de abril ya había ciento treinta y cinco PRC en las calles, y los hospitales mantenían, en diversas instalaciones móviles y fijas, a casi cinco mil cuerpos. Por eso, la OEMJ, con la apertura de la Morgue #4, empezó una masiva tarea de transporte de los Reyes Termales dispersos por toda la ciudad, justo antes de que la ciudad publicara que había sufrido treinta y un mil fallecimientos por el virus en cincuenta días. A partir de entonces, la presión disminuyó: el 21 de mayo solamente treinta y nueve de los remolques permanecían de servicio, veinticuatro el 29 de ese mes, catorce el 2 de junio, dos el 16, y el 22 ninguno.

Al ver el proceder metódico y tranquilo de esos trabajadores, idénticos a los que pueden verse en alguna de las infinitas obras en construcción de la ciudad, no supe si sentir pena o alivio. A pesar del avance brutal de la epidemia en nuestro municipio, donde cada tres días se moría tanta gente como en el ataque a las Torres Gemelas, no se veía en ninguna parte nada de aquel caos que Malaparte describía: nada que se pareciera al griterío de los napolitanos que derrumbaban los portones del hospital trayendo a sus difuntos en camiones y carretillas para que se los revivieran. No había nada del caos que siguió al desastre del *General Slocum*, cuando aquel día funesto de 1904 las autoridades, conscientes de la cantidad de víctimas que deberían ser identificadas y restituidas a sus familiares o a la Oficina del Controlador Médico, que se ocupa de los muertos que nadie reclama, despejaron un galpón fluvial cercano a la Pequeña Alemania y empezaron a llevar allí, por tierra y por agua, a las mujeres, niños y a los pocos hombres que iban encontrando. El procedimiento era ordenado: los ponían en cajas de pino, los cubrían de hielo y los iban alineando en filas para que los reconocieran los parientes que, mudos de angustia, iban entrando en el ámbito inmenso, chapoteando en el agua que manaba de los cajones a medida que el hielo se fundía, mientras afuera los rateros sacaban provecho de la distracción de la multitud horrorizada o curiosa para robar billeteras y relojes, y empleados de las empresas funerarias urgían a los familiares a que firmaran contratos extorsivos, porque con tantos muertos –les decían– tenían que asegurarse de que alguien se ocupara de enterrarlos, y si hacerlo costaba una fortuna, mucho más que en tiempos normales, era natural e inevitable. Y los familiares firmaban lo que fuera, resistiendo mientras tanto el acoso de los periodistas que querían extraerles algún testimonio memorable y de los fotógrafos en busca de imágenes patentes del dolor.

Nada de eso sucedía entre nosotros. Y mucho menos teníamos que tolerar las horribles escenas de la última gran pandemia: la influenza de 1918. No pasaba lo que en los cuarteles donde, como los conscriptos se morían tan rápido y los ataúdes eran tan pocos, los observadores repetían lo que uno de ellos expresó tajantemente: que los cuerpos «eran apilados como troncos». Un informe oficial del Consejo de Defensa Nacional del Condado de Filadelfia publicado por entonces describía una escena abominable: «La única morgue en la ciudad tenía capacidad para alojar solamente a treinta y seis cuerpos. Estaban acomodados en pilas de tres o cuatro en los corredores y en casi todas las habitaciones, cubiertos solamente con sábanas que muchas veces estaban sucias y manchadas de sangre. Casi ninguno había sido embalsamado y no les habían puesto hielo alrededor, de manera que no estaban siquiera congelados. Tenían las extremidades descubiertas, perfectamente visibles. Algunos cuerpos se estaban descomponiendo y el olor era nauseabundo. En la parte posterior del edificio los portones estaban abiertos y dejaban ver los cuerpos que yacían por el piso: un espectáculo para los curiosos, que incluían a niños pequeños». Y se veía a los padres que salían corriendo detrás de los que habían venido a buscar a sus hijos fallecidos levantando cajas vacías de productos en conserva para que tuvieran al menos un rudimento de ataúd. También entonces, en el pico de la pandemia, se suspendieron los velorios en casas particulares, se prohibió que los restos mortales de los fallecidos «fueran llevados a iglesias, capillas, salones o edificios para realizar rituales públicos», y las ciudades recurrieron a los entierros provisorios y las tumbas colectivas.

En los primeros días de la pandemia en Italia el filósofo Giorgio Agamben –justificadamente alarmado por el minucioso avance del Estado sobre la vida de los individuos que la emergencia autorizaba, por el despliegue de nuevos instrumentos de registro y seguimiento que sin duda serán empleados desde ahora en adelante en formas más insidiosas y sutiles de control– escribió que las organizaciones sanitarias del país habían traspuesto «el umbral que separa la humanidad de la barbarie», y agregaba que «el primer punto, tal vez el más grave, concierne al cuerpo de las personas muertas. ¿Cómo es posible que hayamos aceptado, en nombre de un riesgo que no se podía precisar, que las personas queridas y los seres humanos en general no solamente murieran solos, sino que –y esto nunca había sucedido en la historia, desde Antígona a nosotros– sus cadáveres fueran quemados sin funeral?». Pero gran parte de las medidas que tomaba la Oficina del Examinador Médico en Jefe de nuestra ciudad no eran particularmente insólitas o sin precedente. En Nueva York la mayor innovación tuvo lugar en un dominio específico: la preservación de los cadáveres. Uno de los pocos periodistas que se ocupó de este aspecto del proceso, W. J. Hannigan, de la revista *Time*, lo dice así: «Ha habido mucha cobertura de los trabajadores de la salud que están en el frente de batalla. Tiene sentido. Ellos curan a la gente –o al menos lo intentan. Pero lo que no ha sido suficientemente notado ni tampoco comprendido es todo aquello que concierne al cuidado de los muertos. Porque el reverso de toda pandemia son los muertos que hay que procesar».

Un día fui a visitar la mencionada Morgue de Desastres #4, que llegó a ser la clave de la estructura que Nueva York edificó para el cuidado de los muertos. Esa morgue está en un muelle

hasta hace poco abandonado, perteneciente a un antiguo complejo fabril y portuario donde, en los tiempos de esplendor de hace un siglo, treinta y cinco mil personas trabajaban en trescientas compañías medianas y pequeñas instaladas en docenas de majestuosos edificios y galpones construidos por Irving T. Bush en un terreno en Brooklyn, sobre la bahía de Nueva York. Su idea, característica de los visionarios del capitalismo de entonces, era integrar diversas ramas de la actividad económica en un sitio donde el acceso a los mercados fuera fácil e inmediato. «Los barcos estaban en una ribera –decía al considerar el estado de la ciudad a principios del siglo XX–, los trenes en la otra, y las fábricas se dispersaban por toda la ciudad en calles perdidas sin ninguna relación con los medios de transporte... [Entonces] pensé: ¿Por qué no poner todo en un solo lugar, y atar el barco, el tren, el depósito y el taller con la cuerda de las vías?» Así lo hizo, y por un tiempo ese vasto predio en el distrito de Sunset Park, en Brooklyn, fue uno de los principales nudos en el incansable comercio global, además de ser el conducto por el que pasaron el grueso de las tropas, las municiones, los víveres, los uniformes, los caballos y toda la demás parafernalia del ejército americano camino a la Primera Guerra Mundial.

Pero la Terminal de Bush no consiguió sobrevivir a la progresiva decadencia de aquella Nueva York industrial y portuaria, y en los años setenta el sitio fue habilitado como basurero para que las compañías constructoras depositaran sus escombros, pero terminó siendo el destino de gran parte de los subproductos tóxicos de las menguantes fábricas locales y de los cadáveres continuamente generados por la Mafia. Prostitutas y *squatters* eran, hacia principios de los ochenta, los únicos que frecuentaban el paraje. En los años noventa, el servicio penitenciario renovó uno de los edificios fabriles, construyó otro semejante e inauguró una prisión para detenciones temporarias, donde mujeres y hombres esperan encerrados en un limbo cúbico y violento el dictado de lentísimas sentencias. Pero la marea comenzó a cambiar a principios de este siglo, cuando, impelida por la voluntad de promover la implantación en Nueva York de las ramas más modernas de la industria, la municipalidad

emprendió una serie de iniciativas. Luego de establecer en aquel viejo basurero –definitivamente clausurado– un parque que llamó «de la Terminal de Bush» y hoy es uno de los lugares preferidos en toda la ciudad para los que observan, estudian y registran el movimiento migratorio de las aves, se asoció con grupos empresarios, y con ellos definió dos proyectos para el área. Una serie de galpones y baldíos está en proceso de convertirse en una colonia de estudios para la producción de televisión y cine y de talleres destinados a los diseñadores de ropa independientes. Y los edificios fabriles fueron incorporados en un programa que el exalcalde Michael Bloomberg, resuelto a convertir la región en una competidora de Silicon Valley, la llamó NYC Digital. Cables de fibra óptica se tendieron donde antes pasaban los conductos del telégrafo, generadores eléctricos modernos reemplazaron a los viejos dinosaurios devoradores de carbón, eventos artísticos y desfiles de moda fueron programados en los sitios donde los diversos grupos étnicos que constituían la antigua fuerza de trabajo montaban sus modestos festivales. Así terminó por conformarse una nueva Ciudad de la Industria, tan emblemática de la Nueva York del presente como la Terminal de Bush lo era de la de hace un siglo. Y ahora frente al complejo se erige un emblema de nuestro aún insuficiente progreso colectivo en la administración de los despojos, bajo la forma (diseñada por la arquitecta alemana Annabelle Selldorf, conocida sobre todo por sus proyectos para galerías de arte y museos) de la planta de operaciones de la empresa SIMS, que se ocupa de separar las diversas categorías de objetos que se reciclan: el vidrio (empleando grandes masas giratorias que pulverizan copas y botellas), el metal (empleando gigantescos imanes que lo atraen), las diferentes variedades de plástico (usando cámaras infrarrojas que permiten decidir a qué categoría pertenecen).

A cien metros de esta planta está la Morgue de Desastres #4, que fue inaugurada en las jornadas terribles de abril. En esos días, los peores de la pandemia, los deudos tenían apenas dos semanas para disponer de sus difuntos. Pero dos semanas por entonces no eran nada: por un lado, la espera por un puesto en las cintas de transporte de los hornos crematorios podía durar meses; por otra parte, los costos eran astronómicos. Y aprovechando la confusión y la angustia algunos operadores menores de la industria ofrecían servicios baratos y expeditos que en un caso terminaron con el hallazgo siniestro de dos camiones de mudanzas repletos de cadáveres medio descompuestos estacionados frente a una funeraria del barrio de Canarsie. La alternativa para los deudos era muchas veces intolerable: aceptar que sus difuntos recibieran un entierro temporario en la isla de Hart, en el Bronx, hasta que la crisis se resolviera y pudieran llevarlos a sus tumbas definitivas. Pero la mera mención de la isla de Hart puede producir horror entre los neoyorquinos, que sienten que acabar allí es el oprobio más profundo. Y cuando aparecieron en los medios los informes de la aceleración drástica de los entierros colectivos, informes acompañados por imágenes borrosas de equipos de trabajadores que cavaban trincheras junto a pabellones de ladrillo medio derrumbados, se elevó en la ciudad una queja generalizada y repetida en radios y periódicos. En ese punto, la Oficina del Examinador Médico se puso a buscar una solución alternativa y terminó por encontrarla justamente aquí.

No he podido encontrar imágenes del interior de este sitio, de manera que tendrán que contentarse, como yo, con la descripción que ofrece el mencionado W. H. Hannigan, que decía que «es esencialmente un núcleo de distribución... una especie de centro de despacho de Amazon, donde los camiones van y vienen». Dentro de la morgue se mueve una población de soldados y oficiales, funcionarios del estado y del municipio, policías y trabajadores, vestidos con gruesas camperas y guantes herméticos, con barbijos y viseras que los protegen en este espacio donde la concentración de la carga viral es muy alta. Y las camillas con los cuerpos pasan por un pabellón erigido en el corazón de la vasta estructura, donde especialistas los examinan, los clasifican, determinan su procedencia y su estatuto legal, consignan los deseos de sus parientes (si es que existen) e ingresan el conjunto de la información de que disponen en el archivo de la Oficina del Examinador Médico, tras lo cual un tractor los conduce a los estantes designados, donde llegado el momento de enviarlos en su viaje postrero es fácil encontrarlos. Este mecanismo de enorme precisión ha sido concebido por los mayores expertos, como Frank De Paolo, Comisionado para las Operaciones Forenses, que hace casi dos décadas estuvo a cargo de supervisar la recuperación de los restos del atentado en el World Trade Center, que viaja por todo el mundo asesorando a los que sufren calamidades como esta e insiste una y otra vez en las virtudes de un sistema donde los diversos elementos no estén dispersos por toda la ciudad, sino tan integrados y consolidados como sea posible.

El ajuste de la ingeniería es impecable; la flexibilidad de la repuesta, sorprendente, pensaba yo mientras iba acercándome al portón de ingreso de la morgue. En la hondura de mayo allí yacían, en el gélido galpón y los remolques, dos mil quinientos cadáveres. Pero el sitio, el día de mi visita, era extrañamente tranquilo, y en la calle que desemboca en el portón, flanqueada por el salón de ventas de la prestigiosa mueblería ABC y el gimnasio donde entrenan los Nets, el equipo de básquetbol de Brooklyn,

no había nada más que una breve fila de transportes: un camión municipal de residuos, una *pick-up* del servicio de vigilancia y un remolcador que estaría en reserva, por si el virus exigía sus servicios.

Pasé frente a ellos y al acercarme al portón de ingreso noté algo más: junto a la entrada una mujer estaba alimentando a los pájaros, poniéndoles comida en una casilla de madera que los gatos rondaban. La variedad de especies que se congregaba era considerable. Es que la bahía de Nueva York es una parada importante en la ruta de las migraciones, y en particular la Terminal de Bush, cuyos edificios y entrantes les ofrecen refugio a las aves durante las tormentas, es un sitio muy deseable, muy frecuentado por las bandadas. Los gatos, la mujer llevando y trayendo bidones y bolsas de semillas, los pájaros que veía caminar en silencio o reposando sobre los aleros de la morgue, la evidente somnolencia del guardia en la garita, todo le daba al sitio una atmósfera de placidez hacendosa, como si por accidente hubiera entrado en el patio de una granja. Y eso me hizo pensar en un artículo que había leído hacía poco, donde Jenna Mandel-Ricci, coautora de un informe sobre las estrategias de la industria funeraria durante la pandemia que es nuestra fuente crucial de información sobre este aspecto poco comentado del proceso de 2020, decía que la apertura de la Morgue de Desastres #4 «es una innovación decisiva. Ojalá no la necesitemos otra vez, pero saber que está allí y que es parte de una estructura es increíblemente tranquilizador». Y también comprendía que el director de la Asociación Internacional de Expertos Forenses dijera que «lo que se les ocurrió a los funcionarios neoyorquinos, estos depósitos refrigerados destinados a la conservación durante períodos extensos, va a constituir la nueva expectativa». Y si con razón nos interrogamos por las corrientes de innovación que la pandemia va ocasionando en el dominio de las oficinas, las escuelas, los asilos de ancianos, las instituciones de la curación y la cultura, para no hablar de todo aquello que concierne a las relaciones que nosotros, los vivos, entablamos con nuestros semejantes, debiéramos tal vez considerar de qué manera la calamidad presente es capaz de cambiar la relación con nuestros muertos.

Porque lo que aquellos funcionarios sugieren es que ingresamos a un nuevo período de la historia de la muerte, y que, como tantas veces sucede, una catástrofe es la ocasión para la cristalización de técnicas y formas de organización que acompañan e incitan ese cambio. ¿Qué son para nosotros esos cuerpos congelados en un muelle de Brooklyn? Y ¿cómo se vinculan con la vida que continúa desplegándose en el umbral mismo de su espacio? Un esbozo siquiera de respuesta excede el dominio de mis capacidades. Por lo pronto, los funcionarios podían decirles a los deudos, con un suspiro de alivio, «ahora hay tiempo». Y yo, sentado en el borde de la vereda de este *cul-de-sac*, observando a la mujer que atraía a las aves y espantaba a los gatos, me repetía esta frase como un mantra, considerando al mismo tiempo si era el azar o el designio de una potencia incomprensible lo que había hecho que esta morgue fuera instalada precisamente en este paraje: a pocas cuadras del cementerio de Greenwood, uno de los grandes centros de innovación en la industria funeraria del siglo XIX; en un nudo de migraciones de las aves, que se detienen aquí durante el ciclo anual de sus desplazamientos; junto a la mayor planta regional de reciclaje de residuos, en cuyo centro se eleva la primera turbina de viento de la ciudad, emblema del compromiso todavía tentativo de pasar del carbón y del petróleo a las fuentes de energía renovables; frente a una estructura donde manojos de cables de fibra óptica les permiten a los *start-up* locales incorporarse a redes globales de comercio y de filantropía; en fin, en un dominio donde se esboza a tientas el pasaje de Nueva York de un pasado en curso de cancelación a quién sabe qué futuro.

«Ahora hay tiempo», me decía, pero mi ánimo era inestable y mis pensamientos confusos, como me había sucedido en la isla de Randall, en aquel taller al aire libre donde acondicionaban los remolques, mientras observaba el trabajo pausado de los carpinteros y basculaba entre una serena satisfacción y una angustia que en determinado momento me impelió a recordar un soneto («Sonnet – Silence») donde Poe realiza una distinción entre dos formas del silencio.

Hay ciertas cualidades –escribe Poe–, ciertas cosas incorporales que tienen una doble vida y componen un signo de esa doble entidad que surge de la materia y la luz, que se muestra en lo sólido y la sombra. Hay un doble Silencio –mar y orilla, cuerpo y alma. Uno de ellos reside en los sitios solitarios donde la hierba acaba de crecer; encantos solemnes, memorias humanas y tristes tradiciones lo vuelven incapaz de horrorizarnos. El nombre que tiene es «Ya no». Este es el silencio corporativo: ¡no le temas! Carece en sí mismo de la potencia del mal; pero si algún destino urgente, alguna desgracia inesperada te lleva a la presencia de su sombra (duende sin nombre que frecuenta los parajes que nadie ha pisado nunca), ¡encomiéndate a Dios!

¿Cuál de los silencios imperaba aquí? ¿Cuál de los silencios impera en la Morgue de Desastres #4? Créanme si les digo que, al comprobar que yo no tenía ningún Dios a quien encomendarme, me dio el estúpido deseo de insultar a los Reyes Termales aparcados en la isla de Randall, como si fueran culpables de lo que nos pasaba. Pero ellos permanecían impávidos, con sus ojos facetados como los de las moscas y los cables colgantes de sus lenguas, y yo, cansado de tanta impotencia, seguí en la dirección del puente que desemboca en la calle 125, en Harlem, donde se encuentra el mayor complejo de casas de retiro, clínicas de desintoxicación, casas para veteranos en desgracia, ollas populares y otras obras de beneficencia en la isla de Manhattan. Allí nunca, ni en el momento más aterrador de la pandemia, dejó de reunirse una multitud de gente que conversaba, se increpaba a los gritos, recobraba bocados de recipientes de aluminio, dormía sobre telas o cartones, consultaba sus teléfonos o simplemente miraba hacia el piso, porque podían descubrir en el reflejo de sus rostros en el líquido que corría hacia el desagüe cosas que nosotros no veíamos o porque preferían evitar la visión del triste mundo. Después de unos minutos la observación de la romería me había hecho olvidar el vértigo que me había causado el taller de reparaciones de remolques frigoríficos de la isla de Randall. Pero dudo que pueda volver a visitar la Feria de Arte Frieze, que cada primavera ocupa el predio.

Mi contagio

Reticentes sanatorios militares. Revisión de las expectativas. Un desfile de modas para nadie. Las memorias de Debbie Harry. Introducción a la magia vegetal. El regreso al suburbio de Sands Point. Una torre protegida por los árboles. Avance imparable de las viñas. Un hombre quieto.

Había ido al muelle que está donde la calle 50 se topa con el río Hudson con el objeto de atisbar el *USNS Comfort*, un hospital flotante que el presidente había enviado a ver si nos ayudaba a cuidar de nuestros apestados. Lo había despachado con gran bambolla, a pesar de que es un barco viejo, hecho hace más de medio siglo. Su misión usual es atender a soldados heridos en el campo de batalla; su tripulación consiste en mil doscientos marineros; su vientre de metal es capaz de contener mil camas. El día de abril en que echó anclas en Nueva York decenas de vecinos desafiaron la cuarentena y la intemperie y acudieron a recibirlo con banderas y pancartas, sin saber que el *Comfort* no estaba preparado en absoluto para recibir pacientes afectados de enfermedades infecciosas: en su interior el aislamiento es imposible, y los tripulantes no tienen los trajes de plástico ni las máscaras y cascos que hacen falta. No bien el navío había fondeado, el capitán John Rotruck descendió por la larga pasarela para aclararles a los periodistas que se habían congregado, detrás de los cuales se asomaban los vecinos, que su navío estaba aquí para que los hospitales les mandaran a los heridos y accidentados que tuvieran, siempre que no fueran portadores del Coronavirus ni de ninguno de los otros cuarenta y nueve males que enumeraba una lista cuyas copias repartió.

Pronto se supo que cumplir los trámites que el *Comfort* requería para admitir damnificados era muy difícil, que llevaba días realizarles a los pacientes los exámenes del caso y horas rellenar los formularios, que la distracción de recursos y de personal no valía la pena, y después de una semana los mil doscientos marineros seguían esperando la llegada de la presunta multitud de neoyorquinos en desgracia: los pacientes que las ambulancias les habían traído, por traerles algo, no eran ni una docena. El capitán había dicho que su navío era ideal para atender a las víctimas de choques de automóviles y accidentes en obras en construcción; pero la verdad es que, entre la cuarentena y la parálisis de las construcciones, de esos había pocos. Los médicos del buque tenían vastísima experiencia en tratar a pacientes jóvenes, heridos en sus misiones pero fundamentalmente saludables, como suelen ser los soldados; pero a nosotros los que se nos morían eran los ancianos. En el muelle 90 se produjo una pausa dentro de la Pausa, y las jornadas de tedio en la ciudad adormecida comenzaron a alterar los nervios de los tripulantes, más adaptados a la acción fulgurante y el peligro que a esta cautela que a todos nos parecía incomprensible. Tal vez se debiera a su insistencia que el capitán Rotruck abandonara parcialmente su posición original y terminara por recibir a un par de docenas de apestados que vivieron allí hasta el momento, un mes más tarde, en que el comandante dio la voz de retirada, y el *USNS Comfort* se marchó tan sigilosamente como ruidosamente había venido, dejando como único rastro un cartelón que ya en abril podía verse frente a su domicilio provisorio, junto a una obra suspendida de la cual colgaban retazos irregulares de plástico azul, en el tejado de un espacio para fiestas cuyos muros exteriores eran cruzados por imágenes de pájaros dementes.

Por lo demás, las vallas del muelle estaban completamente cubiertas por lonas que impedían ver el barco. Y la misma inexpresividad, el mismo secreto imperaba unas pocas cuadras hacia el sur, en el Centro Jacob Javits, un enorme edificio dedicado a las exposiciones de automóviles, maquinarias agrícolas o avances en la industria odontológica y a multitudinarias convenciones y congresos. El municipio había confiscado ese sitio y había erigido una cuadrícula de precarios dormitorios en su interior. Al parecer, este otro sanatorio provisional era más cálido en su recepción de los enfermos que el hostil, hermético *USNS Comfort*, pero allí también el caminante se topaba con la anomia: algunos soldados entraban y salían por el portal petiso y ancho de la mole de piedra y cristal, ignorados por los camarógrafos que trataban de descubrirle algún ángulo dramático a esta escena anodina. El único índice de dramatismo que yo podía descubrir alrededor del Centro Jacob Javits era el que aportaba un monumental letrero luminoso que atestaba el cielo con anuncios de exposiciones que ya no ocurrirían y avisos adaptados al carácter de esos días, como cierta publicidad de American Express que mientras yo pasaba profirió en su enfática tipografía una frase cuyos restos pueden ver en la foto que tomé: «tiempos extraordinarios» y «humanos». La frase completa era «tiempos extraordinarios exigen humanos extraordinarios». El contexto apocalíptico, a la vez que la proliferación en esos días de historias de saltos entre especies, de intercambios entre hu-

manos y murciélagos, de mercados de animales vivos donde los puesteros se desplomaban como insectos, me llevaron a interpretar el cartel en clave biológica: la situación exigía de nosotros una mutación cualitativa. Debíamos volvernos más que humanos, debíamos desarrollar nuevas formas de sensibilidad, debíamos lograr que nos crecieran nuevos órganos. Debíamos volvernos irreconocibles y trascender el mundo histórico que nos había tocado. Y con una decisión nueva, como si hubiera recibido una misión que pronto lograría descifrar, seguí camino al cercano Hudson Yards.

Por si no lo saben, el complejo llamado Hudson Yards consiste en altos, numerosos, modernísimos edificios residenciales y comerciales que comparten un área frente al río Hudson con un espacio destinado a las artes, una escultura monumental en forma de canasta hecha de tramos de escalera que pronto se volvió destino favorito de suicidas, un *shopping mall*, varios jardines secos y una infinidad de espacios que no me siento capaz de catalogar. Se trata de una colección de edificaciones bastante extraordinaria, realizada por las firmas más prestigiosas y los arquitectos de más renombre, aunque muy resistida por los ciudadanos más antiguos, que ven el sitio como una punta de lanza forzada sobre nosotros por el poder brutal del dinero, indiferente a nuestras preferencias y destinado a las élites globales y los turistas. Ahora su situación nos preocupaba: la fortuna de Hudson Yards, que parecía asegurada, es súbitamente dudosa. Después de haber abierto de manera triunfal no hacía ni unos meses, ya en las primeras semanas del Covid había perdido a algunos de sus principales clientes, tiendas y organizaciones que habían declarado la inmediata bancarrota. Y si a todos los inquilinos del lugar les fuera a pasar esto, ¿cómo iban a hacer los empresarios responsables para pagar sus deudas? Los periódicos se lo preguntaban. Y sin duda no eran ellos los que estaban en peores problemas. ¿Cómo iban a pagar sus alquileres los miles y miles de mujeres y hombres despedidos de bares, restaurantes, tiendas de ropa, estudios de yoga y de masaje, taxistas y los

miembros de mil otras profesiones que la Pausa volvía prescindibles? ¿Hasta dónde iba a llegar la destrucción? Incluso antes del virus había calles enteras de Nueva York, incluso en los barrios más pudientes, que se habían convertido en rutas fantasma. ¿Ahora que había que parar por tiempo indefinido, qué cosa quedaría en pie en esta ciudad?

Indiferente a los presagios ominosos, un letrero le decía esto al transeúnte: «*Reset Expectations*», «Revisen las expectativas». Es posible que en aquel otro mundo de hacía unas semanas el objetivo del diseñador de este cartel fuera prepararnos para el asombro: tan pronto ingresáramos en Hudson Yards veríamos maravillas que no podríamos haber imaginado. Pero en la ciudad de la pandemia todos los mensajes adquirirían sus connotaciones más tristes, así que al toparme con esta incitación pensé que el publicista nos indicaba que debíamos acostumbrarnos a que todo resultara peor que lo anticipado: era preciso revisar las expectativas de triunfo que teníamos, abandonar nuestras tontas ilusiones, acostumbrarnos a una vida más austera, aceptar que en adelante las ocasiones de alegría serían pocas y su duración muy breve. De pie frente al letrero, me sentí como el poeta que encuentra escrito en las puertas del Infierno en la *Commedia* de Dante Alighieri esta leyenda: «*Lasciate ogni speranza, voi ch'entrate*», «Abandonad toda esperanza, vosotros que vais a entrar».

La desolación del sitio confirmaba mis temores: este emblema de la ciudad en su absurdo esplendor de hacía un mes estaba completamente vacío en el medio de un día de semana. El ascenso espiralado de los edificios daba pena, el monumento en forma de canasta parecía más incongruente que nunca, el centro de arte y espectáculos que lo flanquea nos recordaba que por mucho tiempo no compartiríamos con nuestros semejantes la euforia de un *encore* de Maurizio Pollini o una puesta en escena intrincadísima de Björk. Pero era estimulante la arrogancia con la que Daniel Craig, vestido como James Bond en una película que no sé cuándo veremos, mostraba un reloj Omega en una lustrada publicidad en el local de la compañía, y las letras de aluminio que exclamaban Neiman Marcus descendían en una triunfante

diagonal a lo largo de un muro en el centro de compras, donde, a pesar de que el ingreso estaba clausurado, todas las luces estaban encendidas, y una enorme pantalla de vídeo mostraba lo que parecía ser un desfile de modas.

Primero me llamaron la atención hacia esa pantalla silenciosa una serie de primeros planos de pies y rostros que pronto se mezclaron con planos más generales de bellezas masculinas y femeninas que se desplazaban en torno de una banda de mujeres que musicalizaban el evento. De repente una mujer que no parecía una modelo fue avanzando por la pasarela y se paró frente a un micrófono. Cuando la cámara la enfocó me dio un sobresalto. Era Debbie Harry, conocida sobre todo como cantante de Blondie, pero también la creadora de uno de mis discos preferidos de los años ochenta: *KooKoo*. Para un adolescente de esos años con propensiones góticas y admiración por la obra de Andy Warhol, como yo, Debbie Harry coronaba la pirámide de objetos de deseo. Por ese entonces me daba pena tener que asociarla exclusivamente con Blondie, cuya música no me causaba el menor entusiasmo. Pero *KooKoo* disipó todas mis dudas. Este, el primer disco solista de la cantante, es una colección de piezas próximas a las de las bandas más esotéricas y difíciles (Television, los Talking Heads) que prefería escuchar. Por fin las imágenes extravagantes que me gustaba formarme de la cantante, imágenes cargadas de una sexualidad enigmática como la que practica el personaje que pronto encarnaría en la película *Videodrome*, de David Cronenberg, correspondían ahora a sonidos, al menos en mis canciones favoritas, como en el sórdido reggae «Inner City Spillover» o «Chrome», a cuya letra le dedicaba horas de meditación adolescente: «Bellas flores que mutan sus colores como camaleones que mutan en madera. Cadena que se enrolla y cae envolviendo fuertes enlaces entre nosotros. Capas que se combinan en mi vestido se vuelven joyas. No podrás ver el vestido ni el camaleón. Bellas flores que cambian de color como camaleones que se vuelven vino».

Pero si me sobresaltó ver a la Harry en la pantalla de aquel *shopping* despoblado fue porque no hacía más que unas semanas había leído las memorias de la cantante que, bajo el título de *Face It*, acababan de ser publicadas. Yo había adquirido el libro en la estación de trenes de Grand Central la mañana en que salía en dirección de un suburbio de la ciudad para participar de la sesión de alucinaciones terapéuticas en la que me contagié el Coronavirus, e, impaciente como soy, arrellanado en la butaca del vehículo pasé rápidamente las páginas donde se narran los años de formación de la artista y los tiempos de su mayor éxito hasta llegar a aquellas dedicadas a *KooKoo*. Y me enteré de que en 1980, concluida la grabación del disco y con la firme intención de modificar su imagen clásica, se había puesto en busca de ideas para la cubierta y los vídeos destinados a MTV. En determinado momento le vino la inspiración de contratar a H. R. Giger, el artista suizo que acababa de adquirir una enorme fama por ser el responsable del diseño de imagen del film *Alien*, para el cual había creado el fabuloso monstruo matador de desamparados astronautas que ustedes deben conocer. H. R. Giger aceptó colaborar con ella y su pareja de siempre, Chris Stein, y los dos viajaron a Suiza y se instalaron en la residencia gótica del diseñador. Allí concibieron, bajo la influencia del opio, una serie de vídeos donde la cantante emerge de un falso sarcófago vistiendo un traje de nylon pintado con formas biomecánicas y una peluca negra, muy de bruja, cantando estrofas cuya relación con la puesta en escena es ilegible.

En la cubierta de *KooKoo*, también diseñada por Giger, la cantante aparece con una banda de metal sobre la frente y grandes agujas que le atraviesan la cabeza, variaciones fantásticas de las que se clavaban en el rostro los más comprometidos de los punks, pero cuya inspiración fue, al parecer, las que usan los acupunturistas. A pesar de la referencia terapéutica la imagen es más bien chocante, y muchas tiendas de discos se negaron a distribuir el disco y muchas radios se abstuvieron de promocionarlo, condenándolo al fracaso comercial. Pero esto no es algo que la pareja anticipara cuando, aprovechando la estancia en Suiza, se internaron en la famosa clínica de La Prairie, en la ciudad de Clarens-Montreux, en la costa del lago de Ginebra, donde, preocupados por el envejecimiento prematuro que el estilo de vida que llevaban les estaba causando, se sometieron a un tratamiento que, según les habían dicho, era capaz de provocar un rejuvenecimiento milagroso. El procedimiento consistía en inyectarles células embrionarias de ovejas negras, y al parecer tuvo un efecto energizante inmediato. Pero la felicidad ocasionada por la colaboración con H. R. Giger y el tratamiento en La Prairie se reveló como el preludio de una racha de tristezas, una secuencia de enfermedades terminales, de bancarrotas, de adicciones, un período espantoso que llevó a la separación de la pareja en 1987, precisamente el día en que Andy Warhol, ídolo y mentor, se les moría. Y yo, que no había sufrido un destino tan terrible, yo, que apenas me había enfermado de Covid, había llegado a ver en ese incidente en la vida de la cantante una prefiguración de mis últimas semanas.

El mencionado tren me estaba llevando, a través del magnífico pasaje invernal, a una casa muy lujosa en uno de los pueblos que se alinean a lo largo de las vías que conducen hacia el norte, un pueblo del que les diré solamente que está cerca de Nueva Rochelle, donde se produjo el primer brote de Covid-19 en la región. Llegué allí gracias a una vieja amiga que hacía poco me había contado una experiencia que había tenido en aquella mansión (que, según agregó, había pertenecido al actor Sean Connery). Me dijo que un cierto doctor S y su esposa (tendrán que disculparme que mantenga el anonimato de los dos) celebraban ceremonias en el curso de las cuales administraban combinaciones de plantas alucinógenas con el objeto de facilitar la reactivación de recuerdos que se presentaban con una nitidez extraordinaria y venían acompañados por sus cargas emocionales originales. La hipersensibilidad que la intoxicación inducía les permitía a los celebrantes determinar los puntos exactos en el cuerpo donde las huellas más traumáticas estaban alojadas, y eso les permitía metabolizarlas de manera tal que en adelante podrían resolver los conflictos que el desastre original había suscitado.

Al notar mi entusiasmo, mi amiga me dio el teléfono personal del doctor S, quiropráctico recomendado en el sitio web de su instituto por varias celebridades de las finanzas y el espectáculo y miembros menores de varias realezas. El instituto en cuestión no funcionaba en su residencia sino en un edificio de Park Avenue, donde se ofrecía (se ofrece, supongo) un menú de tratamientos muy extenso, que incluía desde masajes y limpiezas colónicas hasta cirugías estéticas y sesiones de reflexología. La atmósfera era la de un spa, y el doctor S se veía muchísimo más joven de lo que mi amiga me había dicho que era. Su estilo era impecable: el traje gris metálico, las botas de punta muy aguda, el nácar jaspeado del marco de los anteojos, el pelo densamente enrulado, inmaculadamente blanco. Yo no sabía qué era un quiropráctico y, en verdad, estaba allí con el objeto exclusivo de que me invitara a una de las ceremonias en cuestión, que son semisecretas. Pero lo cierto es que en unos pocos minutos, a través de operaciones que ejecutó mientras yo estaba acostado en una camilla articulada, profirió un diagnóstico de extrema precisión. Me detectó un problema en el páncreas que probablemente –dijo– afectara la producción de enzimas y causara los problemas digestivos que le confesé, una hernia hiatal (que sucede cuando el estómago se adhiere al diafragma, y se cierra la válvula que comunica el intestino grueso y el delgado) y, potencialmente, una disfunción del riñón de origen genético (mi madre tuvo cáncer de un riñón que le tuvieron que extirpar y murió en parte por el colapso del riñón que le quedaba). Unos minutos de tanteos corrigieron la adhesión del estómago, y otras maniobras más bruscas sirvieron para separar vértebras que al parecer se habían fusionado, afectando la flexibilidad de la columna. Salí de la oficina deslumbrado.

A la tercera visita, una vez que el doctor S había comprobado mi discreción y la pureza de mis motivos, me dio la información necesaria para que contactara a su esposa, que se ocupaba de la organización de esas ceremonias que celebraban cada dos semanas en su residencia campestre. Tras una breve consulta telefónica, la doctora S sugirió que asistiera a la sesión que tendría lugar en apenas unos días. Me instruyó a que estudiara algunos pasajes designados del místico persa Rumi y del maestro espiritual Neville Goddard, que hace medio siglo enseñaba cómo provocar estados hipnagógicos que nos permiten intuir directamente la identidad última entre nuestra imaginación personal y la inteligencia de Dios y percibir todas las realidades que se nos presentan como materializaciones de la actividad de nuestra mente. Me dijo el precio de admisión a la ceremonia y me aclaró que no hacía falta que llevara nada más que una funda de almohada y una toalla, porque ellos me proveerían de una colchoneta y mantas para pasar la noche, ya que a la mañana siguiente, después del desayuno, tendría lugar la «sesión de integración» donde los participantes relatarían sus experiencias y entre todos determinaríamos su significado profundo y sus consecuencias prácticas.

Eran los primeros días de marzo, y vivíamos aún en la inocencia. Sabíamos del brote en Wuhan, en Italia, en España, pero no podíamos imaginar la debacle que se nos venía, de modo que, libre de la menor preocupación, un viernes por la tarde me presenté a la casona de muy buen humor, lleno de expectativas. Le entregué a un asistente el pago y me senté a esperar, leyendo todavía las memorias de la Harry, en el *living room* octogonal y coronado por una cristalera que dejaba caer una luz poética y menguante sobre los catálogos de arte que se apilaban en las mesas. La decoración de esta habitación, como la de toda la casa, consistía en una colección de alfombras de colores terrosos, estatuillas del Buda, pinturas de paisajes rústicos, tankas tibetanos y comodísimos sillones, y una alarmante marioneta que habrían adquirido en alguno de los viajes a México que sin duda realizaban todo el tiempo. Creí que ese era el sitio donde pasaríamos la noche y anticipé grandes placeres junto a la chimenea que dominaba una de las paredes, frente a la cual Sean Connery habría disfrutado tantas veces de una copa de coñac, pero pronto fue llegando una gran cantidad de gente y se fue volviendo obvio que allí no había espacio para todos. Una vez que llegó la hora indicada para el principio de la ceremonia, el asistente nos ordenó que le diéramos nuestros teléfonos, tras lo cual nos condujo a un estudio en el subsuelo de la casa. Veinte o treinta colchonetas yacían en el piso, a menos de un metro de distancia unas de las otras, como una de esas reuniones de niños que duer-

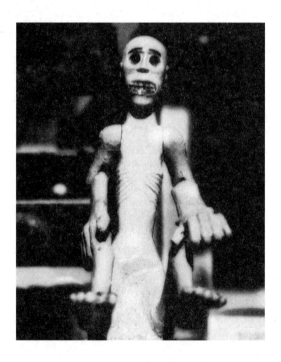

men juntos por primera vez. Como yo había sido uno de los primeros en bajar, pude escoger una colchoneta que estaba en un rincón, junto al sitio que ocupó una mujer de estatura muy baja, de mediana edad y respiración sofocada.

Antes de empezar, la doctora S nos llevó a la biblioteca de la casa a los principiantes, los que íbamos a trasponer nuestro primer umbral, con el objeto de explicarnos la teoría que subyacía a su práctica. Nos dijo que la infelicidad que sin duda nos afectaba había comenzado en nuestra niñez, cuando el dolor que nos causaron las continuas negaciones y los rechazos que sufríamos a manos de nuestros parientes y pares nos habían llevado a constituir un falso yo, capaz de rellenar el horroroso vacío interior que experimentábamos. Estos infortunios habían preparado el terreno para la manifestación, a partir de los siete años de edad, de las Sombras, entidades que debíamos entender, con Carl Jung, como aquellas voces interiores y furtivas que deslizan en nuestros oídos mensajes corrosivos a cuya seducción no podemos resistirnos al no saber de dónde vienen. Era nuestra misión hacerles comprender a los emisores de esas voces que encontráramos en el viaje que pronto emprenderíamos que somos inmunes a su poder, tras lo cual nos dejarán abierto el paso en el trayecto que lleva hasta nuestro Yo superior, que es (según lo muestra Neville Goddard) de naturaleza divina. Y cuando ahora leo las páginas finales de *Eureka*, un poema en prosa filosófico escrito por Poe poco antes de morir, cuya ambición es comunicar una imagen del universo en su totalidad y su singularidad, me parece que las escuchara leídas en la voz de esta mujer vestida con ropa de gimnasia, con el pelo pajizo elevándose en mechas y los labios muy pintados.

Allí Poe, después de anunciar que el destino del conjunto de los seres está destinado a colapsar en una Unidad donde el universo en su totalidad se resolverá en la nada que preludia la reemergencia, describe muy escuetamente ciertos fenómenos que califica de «meras sombras espirituales», atisbos que nos prestan la certeza de que «caminamos entre los destinos de nuestra existencia mundana acompañados por tenues pero omnipresentes Memorias de un Destino más vasto –distante en el tiempo pasado e infinitamente tremendo». Y escucho esa voz cuando recorro el pasaje final del texto, donde Poe declara que «cada alma es, en parte, su propio Dios: su propio Creador»; que los dolores que sufrimos son, aunque no lo sepamos, artilugios que edificamos para extender, gracias a la fuerza del contraste, nuestra alegría; que todas las criaturas animadas «tanto como aquellas a las que les negamos el atributo de la vida sólo porque no apreciamos su manera de operación» son el resultado de la infinita difusión de un ser que pasa la eternidad concentrado en su propia, sostenida existencia (y ese ser es idéntico a cada uno de nosotros); que «la sensación de identidad individual se fundirá gradualmente en la conciencia general: que el Hombre, por ejemplo, dejando de considerarse Hombre, alcanzará por fin la tremendamente triunfal época en que reconocerá su existencia como la de Jehovah»; que mientras tanto debemos mantener en mente «que todo es Vida – Vida – Vida dentro de la Vida – lo menor dentro de lo más grande, y todo dentro del *Espíritu Divino*».

Y me parece que escuchara la voz de la doctora S porque con la invocación a un Espíritu Divino cerró la exhortación que nos dirigió a los principiantes, antes de indicarnos que bajáramos de nuevo al sótano. Allí nos reunimos con el resto del grupo, y los dos sacerdotes, en atuendos deportivos, se acomodaron junto a un cofre metálico que habían traído de una cava de vinos separada del estudio por una vidriera de cristal que nos permitía admirar una exquisita colección dominada por una serie de botellas del extraordinario vino que producen los Marqueses de Antinori, el Tignanello. Y cada uno de nosotros nos acercábamos a ellos y, después de una breve consulta donde la doctora precisaba nuestra condición, recibíamos la preparación más conveniente para ayudarnos en el combate con las Sombras. A mí, para que diera los primeros pasos de neonato en esta ruta nebulosa, me ofreció un cubo de chocolate impregnado de una mezcla de psilocibina y ayahuasca, y me despachó a mi colchoneta.

Veinte minutos más tarde (era el plazo estipulado para que la preparación comenzara a hacer efecto) yo no experimentaba el menor cambio. Me sentí muy solo: todos suspiraban y gemían en el espacio oscurecido. Aunque no por completo: habían apagado las luces y puesto en marcha un aparato que proyectaba constelaciones de estrellas y cometas de colores muy suaves en el cielorraso. Era un poco como esas composiciones de astros fosforescentes y adhesivos que se emplean para hipnotizar a los bebés, pero de una sofisticación extraordinaria. Como las paredes del estudio estaban cubiertas de espejos, los reflejos de las constelaciones violetas y verdes que se deslizaban por el techo rebotaban infinidades de veces, tejiendo recorridos caóticos por todo el espacio. Un excelente sistema de sonido, que durante los primeros minutos había transmitido la voz de una mujer que nos guiaba hacia un estado de mayor relajación y nos incitaba a que abandonáramos nuestros preconceptos, ahora había sido tomado por la música. Dos estilos alternaban en las piezas: sinfonías de campanillas que acompañaban mantras guturales emitidos por coros masculinos y versiones electrónicas muy cristalinas de canciones de los Andes, con guitarras y bombos, charangos y quenas tal vez sintetizados. Yo quería concentrarme en las luces y sonidos, pero me perturbaban un poco los jadeos y las toses que se difundían en oleadas, en el aire impregnado de incienso, sobre las cuales hoy comprendo que iban navegando colonias de Coronavirus que nos entrarían por la boca y la nariz e iniciarían su errático camino en dirección de las más frágiles mucosas.

A los pocos minutos la doctora S se acercó a preguntarme cómo estaba, y yo le respondí que bien, pero que la preparación no parecía haberme hecho nada. Me dio otra dosis. Cuando vino de nuevo a consultarme, tuve que decirle que, para nuestra común sorpresa, seguía siendo inmune a sus poderes. Mi falta de respuesta la irritó. Me dijo que la culpa era de los psicofármacos que mi psiquiatra me receta, psicofármacos que embotan el poder de sus plantas. Me dio otro cubo de psilocibina y ayahuasca y se puso a comentar el caso con el doctor S, que estaba sentado en los escalones que bajaban desde el *living room*. Noté que la sensibilidad se me había puesto más aguda porque podía escuchar la conversación con perfecta nitidez, a pesar de que estaban en el otro extremo del espacio. Hablaban de mí como de un problema, y cuando concluyeron el doctor S vino hasta mi colchoneta, con la actitud de quien toma el toro por las astas y, luego de darme un cubo adicional, me conminó a que abandonara mis defensas.

Obediente, cerré los ojos. De repente me vino a la mente una imagen tremendamente nítida: una torre oval y blanca que se elevaba entre árboles de una vitalidad tan enfática que parecían oscilar en el borde que separa imprecisamente su dominio del reino de los animales. Y esa imagen desencadenó una cadena de memorias que correspondían a una excursión que había hecho seis meses antes, en los últimos días del verano de 2019. Para que entiendan el sentido de mis visiones, tengo que explicarles brevemente por qué había ido al suburbio de Sands Point. Tengo que decirles que esos días estaba tan obsesionado por la lectura de Frances Scott Fitzgerald como durante la pandemia lo estuve por la de Poe. Como es natural, le dediqué un par de días de deslumbramiento a su obra maestra, *El Gran Gatsby*. El libro, como tal vez sepan, cuenta la historia de un joven proletario del

centro del país que se convierte en multimillonario con el único objeto de reconquistar a cierta mujer de la mejor sociedad que había seducido en sus tiempos de soldado y perdido al marcharse a la guerra. Daisy Buchanan, la mujer en cuestión, había contraído matrimonio, como correspondía a una mujer de su posición, con un hombre muy rico, alcohólico, infiel, racista y propietario de una majestuosa residencia en la costa del Long Island Sound, en una población cuyo modelo es el suburbio de Sands Point, que pasó por su época dorada precisamente en aquellos años veinte en los cuales el escritor frecuentaba las mansiones que todavía pululan entre extraordinarias arboledas. Gatsby planta su palacio en la proximidad, donde da fiestas para cientos de invitados y espera el momento de ejecutar su ataque.

Para darme una idea del lugar, una mañana fui a visitar Sands Point, que aún mantiene su perfil aristocrático. Me pareció razonable empezar mi recorrido en la playa que está en el extremo de la península, desde donde no sólo es posible atisbar el punto exacto donde Scott Fitzgerald sitúa a la imaginaria mansión del arribista, sino la más completa panorámica posible de Nueva York. Desde allí, en la mañana límpida que había escogido, era posible ver, en el primer plano, el perfil de la isla de Hart, la última de las islas del archipiélago que puntúan el East River, y más allá la línea irregular de un horizonte que, comenzando en los puentes que unen Manhattan con Brooklyn y Queens, abarca los grandes bloques de rascacielos en Midtown y Wall Street y, pasando por las tierras bajas de Harlem y el Bronx, remata en el extremo norte de la ciudad, donde se levantan los bloques de Co-Op City, el complejo edilicio más grande del planeta. Encima de esta extensión, las nubes tenues parecían un entrelazado de fibras que iban estirándose, como si el espacio mismo fuera una materia elástica (lo es). Una vez que había contemplado a mi gusto este excelente paisaje me lancé a recorrer, un poco al azar, las rutas vacías. A pesar de que el sol de principios de septiembre caía a pico sobre las mansiones y sus parques, no me resultó difícil comprender cierta reflexión que se encuentra hacia el final del libro. El narrador (que había conocido a Jay Gatsby al con-

vertirse en su circunstancial vecino y había terminado siendo el mediador entre él y la mujer que pretendía) ha regresado a su tierra natal en las praderas del Midwest, donde familias nórdicas curaban a los huérfanos inmigrantes e indigentes de la superstición católica o hebrea, y reflexiona sobre su experiencia de Nueva York: «Incluso cuando el Este me excitaba más [que su lugar de origen], incluso cuando era más agudamente consciente de su superioridad respecto a las tediosas, amorfas, hinchadas poblaciones que hay más allá del río Ohio, con sus inquisiciones interminables que solamente eximían a los muy niños o a los muy ancianos, incluso entonces el Este siempre tuvo para mí un carácter de distorsión. West Egg, en especial, todavía irrumpe en mis sueños más fantásticos. Visualizo el lugar como una escena nocturna de El Greco: cien mansiones, a la vez convencionales y grotescas, agazapadas debajo de un turbio, pesado cielo y una luna sin brillo».

El cielo durante mi visita no era turbio, y el sol brillaba de manera estruendosa, pero los tejados a la inglesa o alemana, los portones que se abrían sobre senderos de grava, sostenidos por columnas coronadas por ángeles o gárgolas, combinaban lo convencional y lo grotesco. La impresión era en parte causada por los súbitos robles gigantescos y los múltiples macizos de plantas trepadoras entre cuyos pliegues aparecían casonas sin duda monumentales pero que parecían estar a punto de ser sumergidas por una naturaleza abrumadora. A medida que caminaba por este paraje, modelo de la región celestial del universo del Gran Gatsby, pensaba en la región donde el libro pone las puertas del Infierno: un territorio que hoy contiene el parque de Flushing Meadows, en Queens, donde solía haber pantanos infestados de mosquitos, incubadores de la malaria. Estos vastos lodazales fueron rellenados durante décadas con los residuos de los hornos incineradores de Manhattan, hasta que el suelo se volvió suficientemente sólido para que Robert Moses plantara allí uno de sus parques. En la novela, el basurero es perfectamente equidistante de los dos núcleos celestiales o infernales de la ciudad tal como el escritor la imagina: por allí pasan los automóviles y trenes que vinculan la metrópolis cosmopolita, la democracia racial, la celebración desaforada que es Manhattan y los prados y las costas del norte de Long Island, territorio de la oligarquía racista, cínica y retrógrada. Por allí pasan todo el tiempo los personajes de la novela, atolondrados y borrachos, y allí termina decidiéndose el destino de todos ellos. Ese limbo proletario es espectral:

A mitad de camino entre West Egg y Nueva York la ruta se une apuradamente a las vías de tren y corre junto a ellas por un cuarto de milla, como si quisiera apartarse de cierta área desolada. Es un valle de cenizas: una granja fantástica donde las cenizas crecen como el trigo y forman crestas y colinas y jardines grotescos; donde las cenizas toman la forma de casas y chimeneas y humaredas que ascienden y, por fin, realizando un esfuerzo trascendente, de hombres sombríos que se desplazan y van desmoronándose a través del aire polvoriento. Ocasionalmente una línea de vagones grises se arrastra por una trilla invisible, se detiene con un chirrido horrendo, e inmediatamente hombres de color gris ceniciento se bajan con palas de hierro y suscitan una nube impenetrable que oculta sus oscuras operaciones de nuestra vista. Pero sobre la tierra gris y los espasmos de polvo que flotan interminablemente sobre ella, en un momento se perciben los ojos del doctor T. J. Eckleburg. Los ojos del doctor T. J. Eckleburg son azules y gigantes: cada iris tiene un metro de altura. Nos miran desde un rostro ausente, pero tienen un par de enormes anteojos amarillos que sostienen una nariz que no existe. Evidentemente algún oculista extravagante los puso allí para engordar su consultorio en el barrio de Queens y luego se hundió en la ceguera eterna o se olvidó de ellos y se mudó a otra parte. Pero sus ojos, algo desvaídos por tantos días sin pintura, siguen rumiando por encima del solemne basurero.

Crestas, colinas, jardines grotescos y aparentes humaredas se elevaban a los costados del camino que había tomado para cruzar Sands Point, aunque no estaban hechas de ceniza sino de varias especies vegetales gobernadas por árboles de descomunal altura. El panorama era una fuente incesante de placer. Pero cuando la intensidad del calor indicó la proximidad del mediodía y el momento de marcharme, descubrí que estaba frente a la entrada del punto de atracción que todas las guías, al unísono, recomendaban: la Sands Point Preserve Conservancy. Este parque municipal comenzó su siglo y cuarto de existencia como una de aquellas propiedades «a la vez convencionales y grotescas» que visitaban las pesadillas del narrador de *El Gran Gatsby* cuando había regresado a su pradera natal. Allí fue donde el millonario Howard Gould, vástago de una dinastía de empresarios, le hizo construir a la actriz que era su esposa una réplica del Castillo de Kilkenny, que se erige todavía en Irlanda. Pero a ella el castillo no le pareció adecuado para la clase de vida que llevaban, y Gould procedió a edificarle a pocos metros una magnífica mansión de piedra de estilo Tudor que hubieran habitado felizmente si no fuera porque, antes de que estuviera lista, ella se embarcó en un romance con William F. Cody, Buffalo Bill, incidente que llevó a la pareja al divorcio. Scott Fitzgerald debe haber visitado ese lugar cuando había pasado a las manos de los

magnates de la minería y patronos de las artes, los Guggenheim, que incrementaron la extensión de los jardines y el número de los edificios. El *capo* de la familia, Daniel Guggenheim, hizo del sitio su hogar más frecuente, y durante la Segunda Guerra Mundial, cuando ya había muerto, su viuda convirtió la propiedad en un asilo para huérfanos británicos, antes de donarla al Instituto de Ciencias Aeronáuticas, que se lo cedió a la Marina, que instaló allí un centro de investigaciones y lo abandonó tres décadas más tarde, transfiriendo su base de operaciones a no sé qué pueblo costero de Florida. En ese punto los vecinos se organizaron y demandaron al Estado la transferencia de la propiedad al municipio, que a duras penas puede mantenerla gracias al cobro de una entrada a los jardines y la puesta en alquiler de los castillos para *bar mitzvahs*, casamientos y convenciones.

Me iba acercando a la taquilla del Sands Point Preserve por un sendero arbolado que bordea la sede mundial del Instituto

Helen Keller, gran benefactora de los ciegos, cuando levanté la mirada, y desde la altura se proyectó hacia mí la aparición mágica que mencioné. Me llevó un momento comprender que se trataba de un depósito de agua que dataría de los tiempos en que la Fuerza Aérea administraba este lugar: una vertiginosa columna coronada por una forma esférica u oval que iba ascendiendo acompañada por árboles inmensos cuyas ramas se apoyaban en ella como si quisieran impedir que se perdiera en la inmensidad del cielo o pretendieran protegerla del ataque de las nubes. Poe hubiera visto en este gesto una confirmación de su creencia en la identidad última de la vitalidad que nos anima a nosotros, los humanos, y la que rige los trayectos enloquecidos de las plantas –creencia que, por otra parte, está en la base de las prácticas de los doctores S, cuyas cápsulas, aromas, luces y canciones aspiran a crear las condiciones para que los mensajes de las criaturas más elementales y larvarias lleguen a nuestros receptores más profundos. La visión de ese árbol que trepaba hasta alcanzar la esfera blanca que las nubes apenas molestaban me trajo una inspiración inesperada: me dio la idea de ascender la torre de agua. No parecía imposible: debía haber una escalera en algún lado. Mi motivo consciente era la perspectiva de obtener una vista más completa de Nueva York que la que había obtenido algunas horas antes en la playa, pero lo cierto es que no sé si tenía algún otro propósito, menos razonable, más secreto. Hacía ya mucho tiempo había adoptado el principio de no oponerme a las intenciones momentáneas que me venían en mis excursiones, y seguía los impulsos sin preguntarme si se originaban en algún centro oculto de inteligencia o simplemente en las fluctuaciones naturales que suceden en el dominio de la mente.

La torre estaba del otro lado de una cerca elevada, y para llegar a su base tenía que ingresar en la Reserva. Entré por el portón principal, donde se había congregado una pequeña delegación de turistas japoneses que fueron los únicos visitantes que pude divisar y que perdí de vista cuando, ignorando el asombroso castillo y la brusca mansión Tudor, seguí en dirección a un sendero que iba (o así me pareció) en la dirección general del

depósito de agua. Pero el sendero era muy irregular y cortaba una masa de vegetación densísima. Pronto había perdido todo sentido de la orientación y me encontré en medio de la más lujosa jungla. Existe la creencia entre ciertos pueblos de la región amazónica, particularmente aquellos que celebran los misterios que revela la ayahuasca, de que las lianas son las tripas de la selva: no me resultaba difícil ver por qué mientras caminaba por los senderos de ramas que se disparaban en mil direcciones, sobre un suelo que, bajo la precipitación torrencial de manchas de luz y sombra, parecía una alfombra de diseño irregular y bordes carcomidos. Pero lo verdaderamente extraordinario eran las viñas que lo invadían todo.

En efecto, el parque estaba infestado por una especie de plantas trepadoras llamadas *kudzu*. Esta especie originaria del Este de Asia ingresó en el país a través de la Feria Universal de Filadelfia de 1876, y se popularizó rápidamente como planta ornamental, perfecta para asirse de las columnas de los porches tan comunes en las casonas del sur del país, donde los propietarios se acomodaban a ver a sus negros trabajar. Pero su uso fue muy reducido hasta que vinieron las grandes sequías que asolaron al país a mediados de los años treinta, cuando los ingenieros del Departamento de Agricultura descubrieron que como sus rizomas al extenderse por terrenos inestables les prestan estructura, comenzaron a ofrecerles millones de nuevas semillas a los granjeros que aceptaran plantarlas en sus tierras, y los granjeros escucharon la voz del locutor de radio Channing Cope que le atribuía al *kudzu* la capacidad de resucitar campos muertos y cantaba las glorias del «toque curativo de la viña milagrosa». Estos granjeros pagaron muy cara la convicción de Channing Cope: esta liana crece a una velocidad de bólido, y es en general más poderosa que las poblaciones a las que se aferra, por la inteligencia con la que sus hojas se disponen en los mejores ángulos para optimizar los beneficios que reciben de la luz del sol. A veces su ambición pone en peligro la propia subsistencia, y las viñas estrangulan a los árboles que envuelven, debilitándolos de tal modo que cuando una helada les cubre de escarcha las hojas, el soporte agonizante se desploma arrastrando consigo a la colonia que lo había abrumado. Pero la capacidad de sus raíces de mantener reservas de agua y enviarla a lo largo de los brotes las vuelve capaces de resistir al fuego que incinera los postes y los troncos, de manera que muchas veces sus capas cubren las cenizas de un incendio. Por todo esto, y por las formas muchas veces siniestras que les dan a los volúmenes que cubren, todavía se habla del *kudzu* como la «planta que devora al Sur», todavía circulan viejas fantasías que anticipan un Apocalipsis donde el país entero es invadido por las viñas.

Es común ver extensiones de *kudzu* en los estados del sur, al costado de cualquier camino, cubriendo residencias abandonadas, postes de teléfono y tractores en desuso, pero yo jamás había encontrado una colonia semejante en las proximidades de Nueva York. Supongo que los jardineros de los Guggenheim habrán plantado los primeros ejemplares para combatir la erosión imparable que afecta a esta propiedad costera y plagada ahora de carteles que nos avisan que nos mantengamos a distancia de las barrancas donde la vista es fabulosa pero el suelo es inestable. Y también supongo que los jardineros responsables

del cuidado de la Reserva mantendrán una vigilancia permanente, permitiendo que las raíces de *kudzu* enerven el terreno pero evitando que su avance progrese tanto que ya no sea posible contenerlas y destrocen la arboleda y sumerjan el castillo y la mansión pseudoantigua que quiso ser su sustituto. En cualquier caso, yo tenía la impresión de que un equilibrio frágil imperaba, que el sitio era la escena de un combate en pleno curso donde ninguna de las partes prevalecía, y era como si las formas que emergían dieran testimonio de la muda violencia de esta guerra vegetal y comentaran, de manera a veces seria y otras cómica, la situación de vencedores y vencidos: una criatura con la apariencia general de un oso rugía en dirección a una forma encapuchada que se iba alejando por un sendero; tres aves levantaban sus penachos por encima de una inundación de hojas que no conseguía sumergirlas; un elefante o mamut hundía la trompa en una masa que iba succionándolo. El desorden general que imperaba, los embates y las escapatorias, me producía el mayor entusiasmo, pero no tanto como el remanso de quietud que de repente descubrí.

En un recodo de este laberinto me encontré cara a cara con un hombre monumental que reposaba, rodeado de consejeros o consortes, dejándose flotar con ellos en el manso oleaje de una titánica piscina. El hombre, claro está, no se movía, y su inmovilidad era la de quien se ha acomodado a meditar. No le veía los ojos, pero imaginaba que tenía la mirada fija en nada: se concentraba únicamente en la realidad indudable, masiva e inerte de su propia existencia. Sin duda sentía que la vida que se extendía en torno a él no era otra cosa que una expresión de su continua, vibrante actividad, que las viñas y los árboles entablaban sus combates con el objeto único de atraerse su favor y proveerlo de entretenimiento. Todos los habitantes de la Reserva sin duda sabrían que era preciso no enojarlo, que un movimiento de su brazo podría deshacer este teatro al fin y al cabo insustancial con la misma facilidad con la que Hércules, consumido por el ardor del veneno de la Hidra, arrojaba al mar a su sirviente. Si

Poe tenía razón y el universo entero está en trance de comprimirse y regresar a una unidad sin partes hasta la apoteosis que precede el paso de todo al vacío y la inexistencia, bien era posible que este fuera el imán hacia el cual tendían los fragmentos. Pero yo pensé una vez más en *El Gran Gatsby*. Cuando el verano concluye y la ruina del protagonista ha sido consumada, el narrador, a punto de volver a las praderas de su origen, se dirige a la playa donde yo me había detenido esa mañana y registra esta visión:

La mayor parte de las grandes propiedades de la costa estaban ya cerradas; casi no había otras luces que el brillo espectral y móvil de un ferry que cruzaba el Sound. Y a medida que la luna ascendía más y más las casonas insustanciales se disolvían hasta que gradualmente fui consciente de la vieja isla que aquí había y que floreció una vez frente a los ojos de los marineros holandeses: un fresco, verde pecho del mundo. Sus árboles desvanecidos, los árboles que habían edificado la mansión de Gatsby, alguna vez habían alentado con susurros el último y más grande de los sueños humanos; durante un momento encantado y transitorio el hombre debe haber suspendido su aliento en presencia de este continente, impelido a una contemplación estética que no entendía ni deseaba, cara a cara por última vez en la historia con algo que estaba a la altura de su capacidad de maravilla.

La noche en que contraje el virus en aquel sótano de los doctores S hubiera pasado tanto tiempo contemplando en mi imaginación esa imagen como pasé fijado en ella, sin moverme ni pensar, aquel día de fines de verano en Sands Point. Es que fue entonces que, impelido a una contemplación estética que no entendía ni deseaba, me encontré cara a cara con algo conmensurable a mi capacidad de maravilla. Y fue entonces también que yo, que siempre me sentí un visitante tardío a esta ciudad cuyos jeroglíficos jamás comprendería, tuve la impresión de asistir al momento en que insinuaba sus primeras formas y decidía cuáles serían los gérmenes que desplegaría en los siglos siguientes, cuando se pusiera a adquirir como trofeos los hospitales y museos más gigantes, los edificios más altos y los basurales más extensos, y sentí por un momento que se me revelaba un secreto de Nueva York que sólo yo podía recibir y cuya expresión estaba destinada a quedárseme en la punta de la lengua.

Y en la punta de la lengua seguía teniendo ese secreto cuando me sacó del trance el ruido de la puerta de cristal de la bodega, que la doctora S, según lo vi al abrir los ojos, estaba cerrando. Al volver al presente me di cuenta de que estaba cantando, a un volumen alarmante, mi canción preferida de *KooKoo*. «Bellas flores que mutan sus colores como camaleones que mutan en madera. Cadena que se enrolla y cae envolviendo fuertes enlaces entre nosotros. Capas que se combinan en mi vestido se vuelven joyas. No podrás ver el vestido ni el camaleón. Bellas flores que cambian de color como camaleones que se vuelven vino.» La mujer petisa que había acampado al lado mío me miraba enfurecida. Aparté la mirada de ella y advertí que el doctor S estaba sentado en un sillón que tenía la forma de una mano que se abría hacia la altura y empezaba a descorchar una botella que su esposa acababa de alcanzarle. Los ojos que destellaban en la semioscuridad, detrás de los marcos de nácar de los lentes, me parecían tan azules y tan grandes como los de aquel oculista enigmático de Queens, aquel doctor T. J. Eckleburg que era el espíritu rector del Valle de Cenizas. Un poco como ese remoto antecesor, el doctor S, quiropráctico, examinaba ahora su dominio, la población de sus acólitos que habían venido a recibir dosis de conocimiento y confianza en esta mansión que tal vez hubiera pertenecido a Sean Connery. Y mientras sorbía una copa de vino observaba, no sé si satisfecho o consternado, las evoluciones de sus asistentes, a quienes había mandado a recorrer este estudio de danza o de yoga en el cual flotaban nubes de humo aromático provenientes de altos incensarios, y que se inclinaban sobre los cuerpos sacudidos por arranques de tos o de llanto como si fueran enfermeros en un hospital de campaña o saqueadores que después de una batalla buscan las posesiones que los combatientes han dejado, y volvían a erguirse como aquellos hombres grises que, en la descripción de Scott Fitzgerald, baten sus palas de hierro por encima de las crestas y colinas de la quema.

Médicos, abogados, sacerdotes

El centro puntual de la pandemia. Resplandores de la isla de Rikers. El derrumbe del monte Corona. Todo cierra. Mercado general de los milagros. El Palacio del Virus. Proclamaciones del Apocalipsis. La orgía en una casa de muñecas.

F. Scott Fitzgerald situaba el *omphalos*, la piedra oracular del mito, el ombligo del cuerpo de Nueva York, entre los postes que solían sostener el borroso signo abandonado por un mago capaz de transportar a los creyentes de la ceguera a la visión. En marzo del año 2020 el sitio sobre el cual aquel aviso de ficción había presidido se convirtió de nuevo en el eje principal de la ciudad, el punto donde convergían las varillas de un abanico tenebroso que incluía los barrios con mayor tasa de enfermos: Corona, Jackson Heights, Elmhurst, Flushing y varios más. Y Robert Moses también justificó la designación de este lugar como el predio de dos ferias mundiales estipulando que aquí se encuentra el centro geométrico de la ciudad: en el parque de Flushing Meadows, que él mismo estableció en Queens en 1939. Nunca dijo cuáles eran las coordenadas exactas de ese centro, pero yo creo que estaba en el Pabellón del Estado de Nueva York, diseñado por los arquitectos Philip Johnson y Richard Foster para la segunda de las ferias, celebrada en 1964, justo debajo del alto anillo que pueden ver en la fotografía que tomé, al cual se adhiere todavía un sistema de cables que en su momento aseguraban el techo de una carpa. Bajo la carpa había un mapa monumental de nuestro estado hecho de una mezcla de mármol, cuarzo y vidrio. Pero ni el mapa ni la carpa sobrevivie-

ron al estrago de las décadas, y el pabellón no es otra cosa que una enigmática estructura de abrumadores pilotes que sostienen una corona de puntas invertidas, además de dos atalayas que completan la atmósfera de circo sin payasos, sin equilibristas y sin fieras. Queda eso y un anfiteatro circular cuyo curvo paredón fue la escena de un memorable escándalo protagonizado por Andy Warhol. El mencionado Philip Johnson, en anticipación de la feria, invitó a varios artistas emblemáticos a que realizaran murales para su edificio. Warhol (con Robert Rauschenberg, Roy Lichtenstein, Robert Indiana y John Chamberlain) aceptó. Los veinticinco paneles que hizo colgar en una grilla regular allá en la altura reproducían las fotografías de frente y de perfil de los trece criminales más buscados por la policía, según constaban en un panfleto destinado a los agentes patrulleros. La obra es un eslabón en la cadena de cuadros derivados de fotos de periódico donde se ven repetidos y borrosos choques de automóviles, suicidas en plena flotación, letales intoxicaciones, motines sangrientos, una silla eléctrica y varias estrellas en desgracia que se conocerían en conjunto como la serie de las «Muertes y Desastres». El artista sin duda sabía que su gesto era un abuso de confianza y no le habrá sorprendido para nada que el director de la feria y el gobernador del estado demandaran que los rostros asustados y feroces de los ilustres bandidos fueran de inmediato eliminados.

No sé si Warhol quería establecer de esa manera un vínculo entre el parque de Flushing Meadows y la isla de Rikers, que está a dos pasos, dos kilómetros, allí donde el East River separa los barrios de Queens y el Bronx. De hecho, la región con mayor tasa de casos *per capita* durante los peores meses de la pandemia ocupaba la totalidad del territorio que media entre el punto donde tomé la primera fotografía y la banda de tierra poblada de sobrios edificios que aparece en la segunda (el Anna M. Kross Center, donde están los presos con problemas psicológicos, y el Otis Bantum Correctional Center, que aloja el pabellón para confinamientos solitarios).

La isla de Rikers era un mero roquedal hace un poco más de un siglo, cuando la ciudad la adquirió con el objeto de construir instalaciones que aliviaran el hacinamiento imperante en la vieja cárcel de la isla de Blackwell, que hoy se llama Roosevelt. Como

construir prisiones lleva tiempo y la tierra no debe quedar improductiva, el gobierno municipal, mientras establecía los planes y recaudaba los fondos destinados a edificar el presidio más grande del planeta, montó en el islote una granja donde los condenados cultivaban vegetales y criaban cerdos. Y el islote fue volviéndose una isla a medida que las barcazas del Servicio de Sanidad, siempre en busca de posibles basurales, empezaron a tirarle encima las cenizas y escombros, los residuos de los criaderos y los desperdicios de los restaurantes, con tanto entusiasmo y regularidad que en un par de décadas la superficie del lugar se había ensanchado cuatro veces. Debido a que parte del material era inflamable, hogueras momentáneas surgían por toda la superficie, tanto que un editorial del *Times* de 1926 declaró que «desde las costas de Queens y el Bronx la isla humeante parece un volcán a punto de explotar». Un volcán cubierto por las moscas y recorrido por las ratas, que eran tantas que las autoridades a cargo de la zona enviaron manadas de perros salvajes que acompañaban a los hombres armados con rifles que debían liberar el territorio. Pero los perros ignoraban a las ratas, atacaban a los cerdos y destruían con su orina los plantíos, de manera que hubo que exterminarlos y gasear la isla hasta que la población animal se hubiera reducido lo suficiente para que los albañiles pudieran erigir los muros de la prisión sin temor de que los atacaran. Y a pesar de que más y más secciones eran cubiertas de edificios, el gas de metano producido por los desperdicios ascendía desde la colonia penal hacia el cielo y generaba halos de luz incandescente, como auroras boreales que se hubieran extraviado y aparecieran aquí, tan lejos de su ámbito polar.[1]

1. Yo no lo sabía cuando tomé aquella foto, pero la isla de Rikers de esos días era un territorio cobrado por el mayor de los desórdenes. Como una proporción considerable de los guardias y otros empleados había sucumbido a la enfermedad o desertaba sus puestos de trabajo para no contagiarse, las tareas cotidianas de la colonia cesaron de cumplirse: nadie distribuía ya las raciones de comida ni limpiaba las celdas, los internos caminaban por los patios con heridas abiertas y defecaban en bolsas de plástico que luego arrojaban contra las paredes. Nadie impedía los comba-

Las conflagraciones no dejaron de producirse ni los majestuosos resplandores de ascender hasta que Robert Moses le puso punto final al espectáculo en ocasión de la primera Feria Mundial que montó en Flushing Meadows, la de 1939. Le preocupaba que los visitantes que acudirían al predio a contemplar el avance imparable de una humanidad asistida por la tecnología más moderna se quedaran embobados por esos meteoros repentinos que tenían el atractivo de lo elemental y lo arcaico pero indicaban la proximidad de la polución y la miseria. Por eso forzó al Servicio de Sanidad a buscar nuevos destinos para sus residuos, privando al mismo tiempo de una fuente de entretenimiento a los vecinos del Bronx y Queens, que ya no podrían matizar las noches estivales acudiendo a la costanera para apreciar los austeros fuegos de artificio.

Por la época en que F. Scott Fitzgerald escribió su novela era posible observar estos curiosos espectáculos también desde la altura del monte Corona, cúmulo de cenizas que fueron dispersadas en honor al progreso de nuestro municipio. En tiempos del Gran Gatsby su mole dominaba los arduos pantanales que desde siempre habían cubierto la superficie del distrito, territorios borrosos donde proliferaban las hierbas, las cizañas, los roedores salvajes, los pájaros y los cangrejos que le daban sustento a comunidades de pequeños agricultores, muchas veces italianos, que edificaban sus residencias sobre pilotes. La vida de estos silvestres moradores era calma y predecible, pero a la hora del almuerzo, cuando se disponían a cortar los tomates que cultivaban en los fértiles campos de ceniza, solía entrar por la ventana

---

tes entre los *gangs* ni la proliferación de los suicidios. Los presidiarios más violentos se fueron haciendo cargo de la administración a medida que los representantes del Servicio Penal se resignaban a mantener apenas el control de la periferia de la isla, desentendiéndose de la anárquica república instalada en su centro. Al parecer así siguen las cosas todavía. Y sin duda seguirán así hasta que el viejo presidio sea clausurado (en 2026, según el Consejo Municipal lo ha dictaminado) y este amplio montículo que terminó por resultar de la acumulación de las materias más diversas se convierta, tal vez, en un plácido y pulido parque.

una nube que emergía del transporte que llamaban el Tren del Talco, y el polvo cubría los muebles, los espejos, los pulmones. A ese tren pertenecía la línea de vagones grises que en el Apocalipsis de Fitzgerald se arrastra por una trilla invisible y se detiene con un chirrido que da miedo para que desciendan de su panza hombres de riguroso color gris con palas de hierro que suscitan una niebla impenetrable. Eran los obreros de la Brooklyn Ash Removal Company, que recogían por toda la ciudad los productos de las quemas y los volcaban aquí. Y si cuando a comienzos de la década de 1930 la comunidad de negocios neoyorquina apoyó el plan de traer a este páramo la susodicha feria, de la cual esperaban que aliviara la alicaída economía y restaurara el disminuido prestigio de Nueva York, fue porque los propietarios de terrenos en apariencia sin valor podrían recoger masivas ganancias gracias a la construcción en Queens de un masivo parque donde antes había un mero basural.

Siempre fue así en esta ciudad: los propietarios, los empresarios de la construcción y los recolectores de residuos marcan el *tempo* de la danza, dirigiendo la orquesta innumerable de los funcionarios que profieren los acordes de canciones que nos hacen creer que hemos escogido. Robert Moses fue, por supuesto, el mayor director de nuestra historia. Gore Vidal, en una reseña publicada en 1974 de la biografía de Moses escrita por Robert Caro, indica la extraordinaria habilidad que tenía el eminente funcionario para desplegar nuevas reglas y tácticas en el viejo juego municipal de las prebendas. Vidal cita al más poderoso patrón de la ciudad en el curso del siglo XIX, el infame caudillo William Tweed, que durante un testimonio judicial decía esto: «El hecho es que la política de Nueva York siempre fue deshonesta, mucho antes de mis tiempos. Nunca hubo una época en que no se pudiera comprar al Consejo de Comisionados. Un político tiene que tomar las cosas como vienen. Esta población está demasiado tajantemente dividida en razas y facciones para que sea posible gobernarla por el sufragio universal, a menos que se le agreguen los sobornos, el padrinazgo, la corrupción». Moses fue el artífice de una forma especialmente sutil de practicar ese deporte, por medio del dominio de los vocabularios legales, el conocimiento de los rincones más recónditos de las ordenanzas, el control de la retórica de los informes. Con el tiempo se convirtió en un virtuoso insuperable de la redacción de leyes y reglamentos, que –agrega el escritor– es «tal vez la forma artística más elevada que Estados Unidos hayan practicado, incluso más original e irresistible que los anuncios televisivos». Pero también poseía un genio particular para la publicidad, y empleaba sus contactos tanto en pasquines como en publicaciones prestigiosas para asegurarse, repartiendo elogios de sus partidarios y calumnias contra sus enemigos, el cumplimiento de sus faraónicos proyectos. Gore Vidal concluye que «observando todo lo que Robert Moses le ha hecho al mundo en que vivimos y, aun más significativamente, el modo como lo hizo al volverse un virtuoso de las artes gemelas de la publicidad y la corrupción, uno puede ver en el diseño de su carrera la maqueta perfecta de esa figura inevitable que tal vez ahora mismo espere en las alas de la República, repitiéndose frases como "ley y orden", "renovación y reforma", "sacrificio y triunfo": el primer dictador popularmente electo de Estados Unidos».

Los lectores tienen todo el derecho de leer esto como una profecía: «la inevitable figura» es Donald J. Trump, a quien sólo una inagotable incompetencia y la inconstancia más profunda le impidieron convertirse en el primer dictador popularmente electo del país. No es extraño: Trump, a quien la burguesía local ahora defenestra, es el arquetípico representante de una especie viva cuya configuración depende de la topografía y los nutrientes que abundan en Nueva York, y las condiciones materiales que posibilitaron su emergencia se establecieron a la sombra del monte Corona, cuando Moses, resuelto a establecer un «Versailles para el pueblo», convirtió al viejo pantanal en un monumental escenario donde pudieran exhibirse las variedades más exóticas de la especulación inmobiliaria –una de las cuales, como luego lo veremos, era la preferida de Fred Trump, padre de Donald. Para hacerlo, no sólo extinguió los resplandores que ascendían de los montones de despojos de la isla de Rikers, sino que expulsó a los que vivían de la caza y la pesca en las orillas del desaparecido Arroyo de Flushing y clausuró las vías de aquel infame Tren del Talco, tras lo cual envió a sus propias cuadrillas de hombres grises con palas de hierro que se movían en la bruma o clavaban las piernas en el barro cuando la lluvia convertía al sitio en un lodazal intransitable. Les llevó seis meses exactos derrumbar el monte Corona y rellenar con sus cenizas los terrenos más anegadizos, sobre los cuales tendieron una capa de humus fértil, plantaron semillas de arbustos y árboles, abrieron cavidades extensas y ovales que llenaron de agua bien filtrada, y así se constituyó el parque de Flushing Meadows, centro geométrico de Nueva York y sede de las Ferias Mundiales de 1939 y 1964, además de los lagos más extensos de la ciudad, el Museo de Queens, el pabellón abandonado del estado de Nueva York, el complejo de estadios donde se celebra el US Tennis Open, un pequeño zoológico y algunas de las piezas escultóricas más curiosas de la ciudad, residuos de 1964 que celebran los ideales de esos años: el Lanzador de Cohetes, que adapta las curvas elásticas y los detalles animales característicos del arte de Walt Disney a un

emblema de la humanidad en su trayecto imperial hacia el futuro; la Liberación del Espíritu Humano, de Marshall Fredericks, quien se propuso expresar la energía indomable del susodicho espíritu por medio de una pareja formada por un hombre que ondula hacia la altura, con los brazos extendidos como si fuera a sostener a la mujer de rostro cadavérico que flota en el aire como en una plácida piscina, los dos acompañados por tres cisnes; y tal vez mi preferida: una suerte de nave espacial asimétrica realizada por el excelente escultor Theodore Roszak, con una superficie de metal tan lastimada que parece que padeciera una erupción cutánea como la que sorprende a Moisés cuando su Dios, cuyo nombre es «Soy Quien Soy», le transmite en el monte Horeb, donde una zarza arde sin quemarse, el mandamiento de conducir a su pueblo fuera de Egipto. Ante las reservas de Moisés, incrédulo de su capacidad de convencer a su pueblo de que es un emisario de Dios, este le concede el poder de realizar tres milagros: transmutar su bastón en serpiente (consumando de ese modo el paso de *vir* como bastón a *virus* como aquello que emiten los ofidios), convertir el agua en

sangre volcándola sobre la tierra y, por el expediente de tocarse el torso con la mano, hacer que se cubra de un pellejo enfermizo, tan blanco como la nieve y semejante –según el Libro de los Números– a la de un niño nacido muerto y con la piel a medias carcomida.

Yo me detuve a mirar esta escultura (que está en una rotonda para perdidos automóviles, un sitio donde nadie se detiene) el día en que pensaba recorrer aquellos distritos castigados que mediaban entre el parque y el puente que, en el barrio de East Elmhurst, permite el breve cruce a la isla de Rikers. El más próximo al *omphalos* es Corona, cuya trayectoria a lo largo del siglo XX fue semejante a la de tantas otras zonas devastadas por la pandemia: primero estuvieron por aquí los italianos e irlandeses, que se fueron a medida que su estatus crecía y sus domicilios eran ocupados por la gente afroamericana en fuga del Sur aterrador. Más tarde los dominicanos llegaron en cantidades multitudinarias y desplazaron parcialmente a los negros, y pronto incluso los ciudadanos caribeños eran arrastrados por la inundación de peruanos, salvadoreños, mexicanos, uruguayos, guatemaltecos, argentinos y panameños, que ahora les disputan el lugar a los nepaleses, paquistanes y mongoles. Es la yuxtaposición más extraordinaria de nacionalidades que uno pueda concebir. Dos de cada tres residentes de la zona son extranjeros. Entre todos hablan cientos de lenguas, tantas que no es necesario exagerar para afirmar, como lo hacen los investigadores de la Alianza de Lenguas en Peligro, que estos pocos kilómetros cuadrados son la zona de mayor diversidad lingüística de todo el planeta. Cuando los dialectos de sociedades muy pequeñas ya no se hablen en ningún otro sitio, es posible que subsistan en la calle 102. Aquí no solamente impera el castellano, sino el quechua, el náhuatl, el zapoteca, el otomí. No sólo se escucha el chino de Beijing, sino las variantes de Fujian, Hunan y Wenzhou, además del hindi, el pashto, el urdu, el persa, el igbo, el yoruba, el hebreo, el rumano, el gallego, el árabe de Marruecos, el de Algeria, el de Libia, el kham tibetano, el bahasa de Indonesia, el tagalog.

Y por eso los vecinos de Manhattan en esta época en que la gastronomía ha alcanzado un prestigio que jamás había tenido acuden a las arterias usualmente atestadas de la zona, a probar los platos que se ofrecen en los numerosos restaurantes que pueblan las veredas y que a causa de la pandemia tuvieron que cerrar, dejando quién sabe a cuántas cocineras, camareras y repartidores a domicilio sin trabajo. Habían cerrado también los establecimientos de la noche como el Hairos Nightclub, dominio del son y la salsa, y el misterioso «cabaret de deportes» llamado «Ilda's Place», que domina una esquina frente al Hospital de Elmhurst. Habían cerrado las iglesias que pululan aquí por todas partes, porque para toda esta humanidad las creencias religiosas poseen una autoridad que tiene algo de imponente, a pesar de lo modesto de los santuarios: templos de las viejas denominaciones protestantes que persisten o les han cedido sus edificios a las sectas nuevas, mezquitas, sinagogas ocupadas y desocupadas, iglesias evangelistas en locales del tamaño de un quiosco, iglesias católicas donde las misas se dicen en el *patwa*

de Jamaica o el *patois* de Haití. Y un templo ocupa uno de los puntos más visibles de la plaza Corona, tal vez el más expansivo de los torbellinos que se organizan en este territorio: el edificio del viejo Loew's Plaza Theater, que abrió en 1927, cuando este era el punto final de la línea del subterráneo. Allí se presentaban espectáculos de vodevil y películas de estreno, pero con el tiempo y los cambios en el poder adquisitivo de los residentes, fue conformándose con éxitos de Hollywood cada vez más antiguos, subtitulados al castellano, y películas argentinas de chanchadas o melodramas hechos en México. Pero el cine cerró en el año de 2005, y es ahora ocupado por la farmacia Walgreen's y la iglesia Aliento de Vida, cuyos pastores, Victor y Hattie Tiburcio, reúnen competencias muy variadas: él –según nos dice el sitio web de la organización– estudió Ministerio, Asesoramiento Familiar y Comunicación Social, mientras que ella es Doctora en Leyes y Licenciada en Teología. Derecho, Comunicación Social y Teología: a esa tríada de saberes se asocia la Medicina en la declaración de principios, donde los pastores nos dicen que «creemos en que Dios quiere sanar a todos los enfermos, pero no va a sanar todos los enfermos. La razón de esto es un asunto quizá de fe o de la soberanía divina, no lo entendemos. Pero todo creyente es llamado a ejercitar su fe en Dios, a creer sus promesas y a desear la sanidad divina».

Parado en medio de la plaza Corona, habiendo hecho mi lento camino desde el parque de Flushing Meadows, observaba un cartel sobre la puerta del consultorio de dentistas que flanquea el templo Aliento de Vida pensando que el distrito no había cambiado tanto desde los tiempos de Jay Gatsby. Y me pregunté si un escritor del futuro, cuando la ciudad haya sido abandonada –como todo lo es– por los migrantes que ahora la recorren, podrá hacer de lo que quede del cartel una alegoría tan precisa como la que F. Scott Fitzgerald había fabricado a partir de la publicidad de un oculista. Si las ásperas tormentas que sin duda llegarán terminan por desteñir los letreros que rodean esa boca abierta en un rictus, ¿de qué modo podrá servirle lo que quede a ese literato para expresar una verdad hoy inaccesible para noso-

tros, ciudadanos de Nueva York? ¿O preferirá escoger como emblema el cartel que comparte una pared en el frente de la humilde oficina de un establecimiento cuyo nombre es Picasso Dental y cuyo servicio principal es el «diseño de sonrisa» con un póster pegado que nos aconseja qué hacer si se da el caso de que la «migra» entre en nuestra casa?

Y digo «nuestra casa», pero estos anuncios se dirigen sobre todo a los habitantes de otra ciudad, subterránea y sin registros. Porque Nueva York tiene catacumbas secretas y breves, frágiles e indocumentadas. Allí vive el pueblo de repartidores de comida y medicamentos, ayudantes de cocina, mucamas, encargadas de puestos ambulantes y los músicos que profieren sus canciones en el subterráneo. ¿Cómo podría esa gente, tantas veces privada de permisos, pagar los exorbitantes alquileres de nuestro mercado inmobiliario? No pueden, y por eso los dueños de las residencias que solían alojar a una o dos familias cuando Robert Moses controlaba el destino de este barrio les rentan las minúsculas subdivisiones que edifican con tabiques en los sótanos que alojan las calderas y generadores. De esa manera se han formado colonias de cubículos sin luz, casi sin aire, refugios que son trampas cuando chispas perdidas los convierten en hogueras y chaparrones de verano en turbios tanques. Este viernes de septiembre de 2021, mientras escribo, tengo a la vista un artículo del *Times* que describe cómo hace dos días la lluvia más feroz que la región recuerde inundó, además de calles y túneles, este sistema de alvéolos que se abren a centímetros del suelo. Las corrientes repentinas arrastraron las banderas nacionales, las estampas de santos, los recibos de remesas de dinero y las fotografías de parientes remotos que los inmigrantes clavan en sus falsos muros, y bloquearon claraboyas y puertas de tal modo que doce de ellos se ahogaron por no tener el tiempo de encontrarle la salida a sus precarios laberintos.

Las inmediaciones de la plaza Corona están plagadas de sacerdotes, predicadores, médicos, dentistas y gestores que les ofrecen a este pueblo sus servicios. También hay abogados, que son especialmente enfáticos en la promoción de sus saberes. No es como en los reductos de los más ricos, en Manhattan, donde

los mejores equipos de profesionales, protegidos por puertas de cristal que se deslizan sobre alfombras cepilladas que llevan a salas de reuniones donde cada cual tiene delante múltiples carpetas y teléfonos, no quieren que creamos que tienen el deseo de atraernos: todo en la retórica de sus despachos nos deja saber que están allí para servirnos si hemos tenido la desgracia de requerir que nos representen frente a la Ley, cuyo acecho es furtivo y cuyas vías son indescifrables, pero que si no nos hace falta mejor. Quisieran que nadie los necesitara, quisieran no tener clientes, porque de esa manera habría más felicidad en el mundo, incluso al precio de que ellos sean más infelices, menos prestigiosos y pudientes. Aquellos discretos servidores de los estudios de Park Avenue no toman la actitud de los especialistas legales que se nos imponen en la plaza Corona, donde, al lado mismo de la farmacia Walgreen's y la iglesia Aliento de Vida, están los letreros de los abogados Ginarte, que se especializan en casos de accidente y en su sitio web explican, en horrible castellano, que «el congestionamiento es un hecho de vida en la avenida Roosevelt; La carretera principal de Jackson Heights, tiene muchas paradas de autobús de Manhattan. Accidentes de vehículos, accidentes automovilísticos y accidentes peatonales son tan comunes como los pasajeros, camiones, autobuses, peatones y bicicletas todos comparten las carreteras transitadas de Jackson Heights». Pero los accidentes suceden con frecuencia también en las obras en construcción o durante el reparto de paquetes de comida o ropa limpia, los puestos apenas pagos que ocupan a tantos de los residentes de este barrio, de los cuales, como dije, dos tercios son extranjeros. Por eso es conveniente que un piso más arriba estén las oficinas de Aníbal Romero, Abogado de Inmigración, abierto para aquellos que hayan sufrido un raid de ICE, la policía inmigratoria, que es siempre inesperado, o quieran buscarle alguna vuelta al asunto de los papeles. Y cruzando la calle, en una esquina vetusta que comparte con una clínica de urólogos, hay una sucursal de la firma Oresky, que también se especializa en casos de accidente. El sitio web incluye una enumeración de las mayores victorias que sus *partners* han obtenido, lista que encabeza cierto caso en que obtuvieron una compensación de dieciocho millones de dólares para un albañil sin documentos (porque el estatus legal, aseguran, no es un factor cuando se trata de estas cosas) que se cayó de un andamio en una obra, se fracturó el tobillo, sufrió varias hernias de disco y se curó recién después de pasar por dos complicadas cirugías. Es como para que se nos haga agua la boca. En un momento, uno se tambalea en un tablón a seis metros de altura; en el instante siguiente, uno es millonario. Es como si la caída fuera un preludio del vuelo hacia alturas que no imaginábamos, sostenidos en el aire por los abogados, seguidos de muy cerca por los cisnes.

Pero entre la caída y el ascenso, aquellos clientes potenciales no habrán tenido otro remedio que acudir al único hospital público del barrio, donde en marzo, abril y mayo estuvo el centro del centro del centro global de la pandemia. No exagero. Pueden encontrar la información en cualquier parte: esos días no había boca más voraz que la entrada de emergencias del Hospital de Elmhurst. Allí también las lenguas proliferan, no sólo porque hay que atender a quienes no hablan el inglés, sino porque es el

destino inmediato de los que colapsan en los aviones que aterrizan en el Aeropuerto LaGuardia y en el Kennedy, trayendo los virus más exóticos. Por eso, a la multiplicidad de lenguas, etnias y religiones de la cual el barrio puede vanagloriarse es necesario agregarles esta otra: allí es donde se encuentra una de las mayores variedades en toda la región, en todo el país, tal vez en todo el mundo, de enfermedades contagiosas. Ébola, malaria, dengue, tifus, con sus innumerables variantes que desencadenan síntomas atípicos: en tiempos normales allí se encuentra casi todo. Pero entonces no quedaba otra cosa que Covid: el aluvión de las primeras semanas fue tan masivo; las camas, tan pocas; los respiradores, tan escasos; las camillas, tan endebles, que la dirección del hospital tomó, para evitar la multiplicación *ad infinitum* del contagio, la decisión de admitir solamente a los enfermos de la nueva plaga y trasladar a todo el resto. De ese modo, el virus se adueñó del hospital.

Jamás había dispuesto en exclusivo de un ámbito tan vasto: una manzana entera, seis pisos, no sé cuántos cuartos y camas. Pero hay pocas de estas camas en la unidad de terapia intensiva: apenas quince, que en la Nueva York de esos días no bastaban ni para empezar a acomodar a los pacientes. Para colmo, los especialistas de dolencias respiratorias eran cuatro, y de los cuatro uno se fue a trabajar a un sanatorio lejano y otro se enfermó ya en los primeros días de la plaga, así que las desconcertadas, angustiadas enfermeras tenían que pedirles instrucciones a los oculistas, las pediatras, las gastroenterólogas, los dietistas que pudieran encontrar, sabiendo que todos improvisaban procedimientos tentativos para abordar un mal del que sabían poco y nada. Y tenían miedo: todos tenían miedo. Es que no les habían dado la indumentaria que una enfermedad tan contagiosa requería, de manera que por los pasillos caóticos se veía desfilar la mayor variedad de coberturas protectoras. Las doctoras y enfermeros se traían de sus casas lo que fuera que pudiera detener la transmisión del virus: anteojos de buceo, máscaras de metal como las que usan los soldadores, cascos de motociclista, guantes deportivos para las manos y bolsas de plástico para envolverse los pies. Y ese desfile ominoso de disfraces marchaba por pasillos donde los enfermos estaban acostados boca abajo en sillones y banquetas, con tubos de oxígeno en la espalda, como buzos en el lecho de una corriente evaporada, y en salas atestadas donde ocho pacientes estaban conectados al tanque de un respirador como si fuera a un pulpo mecánico y ruidoso.

Si no fuera que los templos habían tenido que cerrar, en la dirección del hospital se habrían dirigido mil anuncios de que el mundo se estaba terminando, de que la Pausa en que vivíamos era el preludio del final. Hubieran venido desde la Masjid Al-Falah, cuyo edificio, con su domo y su minarete diseñados por un ingeniero coreano que solía comandar al personal de su país cuando construían templos en Arabia Saudita e Irak, es una versión más modesta y adorable de la clase de mezquita ecléctica común en los países petroleros. El sitio no solamente ofrece a los creyentes un santuario, sino también una escuela de educación superior a quienes quieran formarse en la riqueza de la ciencia islámica e integrarse a una nueva ola de imanes y académicos que estudian las maneras de entablar el diálogo con otras reli-

giones. Con los Testigos de Jehová, por ejemplo, con quienes comparten en la avenida Nacional un muro y en todas partes la creencia en que este mundo miserable está en curso de acabarse, que ya no hará falta montar absurdas ferias para celebrarlo ni poner parques donde antes había montañas de ceniza.

Los anuncios del final de esta era sórdida y frenética habrían venido desde el Satya Narayan Mandir, donde se celebran los ritos del hinduísmo Sikh, desde la Congregación Tifereth Israel, desde el templo de Nuestra Señora de Fátima, desde la Iglesia Coreana de Queens, desde la Iglesia Bautista de Antioquía. Vendrían desde todas partes. Vendrían, especialmente, desde el norte, desde una esquina en la avenida Astoria frecuentada todavía por el fantasma del obispo Lymus Johnson, fundador del templo pentecostalista que ocupa una edificación que data de los años treinta. El obispo Johnson predicaba de niño en su casa, arengando a su padre cuando este incurría en una de sus constantes borracheras, pero pronto montó junto a un olmo de su vecindario una carpa que proveía sombra y abrigo, y allí comenzó a dictarles sermones a los niños, percutiendo ollas como si fueran tamborines y agitando latas llenas de piedrecitas como si fueran maracas. Ya de muy joven descubrió el fervor de los fieles en las ceremonias pentecostalistas y sintió el impulso de mudarse de su ciudad de origen, Baltimore, y establecerse en Asbury Park, Nueva Jersey, donde recibió un nuevo y definitivo bautismo, tras lo cual decidió que su ministerio se concentraría en la obtención de la gracia del Espíritu Santo, cuyo signo inequívoco es el trance que nos hace hablar en lenguas. Pronto en sus ceremonias numerosas mujeres y hombres, con las túnicas blancas y los trajes oscuros que son la vestimenta adecuada de los que quieren ser vistos por Dios, se desplomaban entre exclamaciones formuladas en idiomas extraordinarios, y él les imponía las manos, y los *allelujahs* se prolongaban a veces hasta la madrugada. Los pecadores que asistían a sus prédicas se sentían aterrados frente a sus exhortaciones, como si una cohorte de misteriosos vengadores los hubiera sorprendido en plena noche en el más perdido de los páramos, y entonces se quebraban y

caminaban con pasos inseguros en dirección al altar, y él les infundía un nuevo fuego en los huesos y los temblores de asombro y alegría que pueden ver, si quieren, en numerosos vídeos recopilados en YouTube. Y allí, en su iglesia, podía señalar, como prueba de la iniquidad que hacía presa del planeta, al muro que tenía, una vez que se plantaba en su podio, a su derecha. Si los feligreses de la Iglesia de Cristo de la Fe Apostólica hubieran hecho silencio, se hubieran alineado frente a esa pared y –suspendiendo el aliento– hubieran apoyado en su superficie las ávidas orejas, habrían escuchado jadeos y gemidos de placer. De hombres y mujeres. En cuerpo presente y conservados en cintas magnéticas. Porque del otro lado estaba y sigue estando una de las salas del viejo cine Fair.

El magnífico edificio art déco del Fair Theater fue inaugurado en 1937 y le debe su nombre a la por entonces inminente Feria Mundial en Flushing Meadows. Su construcción es contemporánea del derrumbe del monte Corona. Con el tiempo fue siguiendo el destino característico de estos cines barriales de la edad de oro: al principio los vecinos concurrían a ver programas de películas casi nuevas y con el tiempo tuvieron que conformarse con reposiciones de películas antiguas, observando el deterioro, mes tras mes y año tras año, de las molduras de yeso de la sala y el terciopelo de las butacas. En los años sesenta llegaron cuadrillas de trabajadores a instalar subdivisiones que multiplicaron los salones y le permitieron al *management* mostrar, al mismo tiempo, policiales violentos y pornografía. *Grindhouse theaters* era el nombre que se solía darles a estos cines, porque allí terminaban su trayectoria descendente las copias de las películas cada vez más rayadas y borrosas que habían comenzado su camino en los establecimientos respetables. Times Square estaba plagado de estos sitios que solían ser puntos de *cruising*.

El Fair sigue siéndolo, como pude comprobarlo hace un par de años, cuando, intrigado por la apariencia del lugar, entré una tarde de verano a visitarlo. El precio de una entrada les daba a los clientes el derecho de recorrer a su gusto los diferentes espacios, que están dispuestos en trazados muy irregulares, forman-

do un abanico a partir del *lounge* de acceso, donde había una cornucopia de grandes peceras con pequeños peces, lámparas de lava tan altas como yo y carteles de películas indias, mexicanas, coreanas, colombianas, rusas. La sala principal del viejo cine aún existe, y ese día pasaban un *western* que los miembros del presunto público –que preferían recorrer en sonámbulo paso los pasillos– ignoraban por completo. Me recosté sobre un barandal en el fondo de esta sala vacante; a mi espalda estaba el bar, donde hombres de atuendos y edades muy variadas se sentaban con sus tragos en sillones de altos respaldares y fijaban la mirada en el vacío o en los arabescos de la alfombra. Cuando alguno de ellos se movía, era como si el campo gravitacional del conjunto pasara de un estado a otro, y todos cambiaban de posición. A mi izquierda había un bloque de armarios mal iluminado por un par de veladores, y periódicamente alguien se acercaba, abría el candado que aseguraba uno de los cofres y sacaba una bolsa o

un objeto que la oscuridad hacía indescifrable. Intrigado, seguí a uno de ellos, que tomó un pasillo iluminado por cientos de bombillas navideñas al fondo del cual se veía un aparato de ventilación, un cartel escrito a mano con ofertas imprecisas, una réplica pequeña del *David* de Michelangelo y una silueta en cartón de John Wayne.

Atravesamos este vestíbulo de luz y falso mármol y seguimos hacia un corredor más ancho donde cuatro hileras de sillas se ofrecían para quien estuviera interesado en escrutar la muda escena erótica que proyectaban sobre la pared que, según mi estimación, hacía medianera con el templo evangelista. El corredor era flanqueado por una hilera de pequeños cuartos de paredes pintadas de dramáticos colores donde televisores anticuados mostraban películas pornográficas para clientes en grados diversos de desnudez que se recostaban en divanes amplios y gastados. La última puerta, tapizada de paño gris profundo, estaba

cerrada, pero el hombre que yo seguía la abrió con un gesto decidido y se metió. Y ahora pienso que ojalá mi timidez de entonces no me hubiera impedido entrar a ese último recinto. Ojalá
no me hubiera marchado sin saciar mi curiosidad, temeroso o
perturbado por memorias de otras tardes de hace décadas, cuando mi padre me llevaba a un cine semejante de Rosario, el Sol de
Mayo.

En el Sol de Mayo vi por primera vez *The Masque of the Red
Death*, una extraordinaria película de Roger Corman cuyo punto de partida es el relato de Edgar Allan Poe, que el cineasta
combina con otras historias de su canon y al que le asocia una
teología ausente del texto original. En ese texto, Poe concibe
una tierra asolada por un mal que llama la «Muerte Roja» (tal vez
una forma de la tuberculosis que sufría su esposa, el cólera que
mató a su mejor amigo o la peste bubónica de la leyenda). Un

cierto Príncipe Próspero se encierra en un hermético castillo con mil asociados aristócratas y monta una incesante orgía mientras afuera los pobres se desploman como insectos. En el pináculo de la epidemia, el príncipe decide celebrar un baile de máscaras en una serie de salones de exquisita rareza, pero todos monocromos e iluminados por braseros cuya luz produce resplandores vivaces y fantásticos. Son siete. El primero de los salones es azul; el segundo es púrpura; el tercero, verde; el cuarto tiene muebles y muros de color naranja; el quinto es blanco; el sexto, violeta. El séptimo recinto está empapelado de terciopelo negro y aloja un reloj de ébano cuyo péndulo genera un rumor monótono y opaco. Los disfraces de los invitados que se mueven por esta serie de recámaras son extraordinarios. «Eran grotescos, por cierto –dice el texto–. Destellaban, eran relucientes, punzantes y fantasmagóricos... Había figuras de arabesco, con miembros y atuendos inconexos. Había fantasías delirantes como las que conciben los locos. Había mucho de bello, mucho de absurdo, mucho de estrafalario, algo de terrible y no poco de lo que produce repulsión. Por las siete cámaras se balanceaba, de hecho, una multitud de sueños. Y estos sueños iban retorciéndose, adquiriendo el color de los salones que atravesaban, y haciendo que la desenfrenada música de la orquesta pareciera el eco de sus pasos.»

Pero cada vez que suena la hora, las entrañas de bronce del reloj emiten un nítido tañido que induce en los huéspedes un efecto singular: los músicos de la orquesta dejan de tocar, y las parejas danzantes detienen sus evoluciones. Entonces, incluso los más intoxicados y eufóricos se ponen rígidos y pálidos, mientras que los más viejos se pasan la mano por la frente, «como inmersos –dice el narrador– en una confusa meditación o ensueño». Apenas los ecos se extinguen, todos se lanzan a reír y los músicos, algo avergonzados por lo absurdo de su nerviosismo, se dicen en susurros que el próximo tañido no les causará la misma emoción, pero cuando llega la transición entre una hora y otra se establece el imperio de la Pausa, y los sueños se congelan en la posición en que el tañido los encuentra. Y así siguen, hasta que dan las doce. Probablemente conozcan o imaginen el final:

la Muerte Roja irrumpe, bajo la figura de un falso convidado, atraviesa los salones y cuando llega al salón final uno por uno van cayendo los participantes de la orgía sobre el piso ensangrentado, y cada uno muere en la desesperada actitud de su caída. La vida del reloj de ébano se apaga con la del último de aquellos celebrantes, las llamas de los trípodes expiran, «y las tinieblas, la corrupción y la Muerte Roja lo dominaron todo».

En la versión de Roger Corman, que operaba constreñido por un reducido presupuesto, los salones de la fiesta en el palacio del Príncipe Próspero son semejantes a las salas laterales del cine Fair: cubículos pequeños y apenas amueblados, hechos de paneles de madera aglomerada, recintos para orgías de muñecas. Pero el vestuario es espléndido, mucho más barroco que el simple atuendo de aquel hombre que yo seguí desde la sala principal y el último de los cubículos, tal vez atestado de divanes, donde vaya uno a saber qué especie de reloj seguiría dejando que giraran las manillas de las horas. Y el día en que había caminado desde la colonia de monumentos descartados en el parque de Flushing Meadows hasta este punto del barrio de East Elmhurst, en el epicentro global de la pandemia, parado en la vereda opuesta del bulevar Astoria y dándole la espalda al Aeropuerto LaGuardia, cuyas pistas se extienden sobre cenizas que fueron transportadas desde las colinas fosforescentes de la isla de Rikers, imaginaba que los hombres silenciosos seguían en el cine y se aferraban a sus paquetes enigmáticos mientras apoyaban las orejas sobre la misma pared hacia la que apuntaba el índice el obispo Lymus Johnson cuando quería ilustrar la inveterada iniquidad del mundo. Se preguntarían, ansiosos, cuándo volverían los sermones y los himnos, los acordes de órgano y las palmas, mientras en una pantalla en la pared una figura vestida de rojo escarlata, con un velo que le cubre el rostro, iría caminando por un palacio de cartón repleto de eufóricos danzantes, y al avanzar desprendería porciones de muerte alrededor, como un ofidio desprende su pellejo.

La balada del Viejo Trump

Lamentable y triste Coney Island. Un falso medioevo llega a Queens. Imágenes de la modernidad inmobiliaria. La doble inmolación de Funny Face y el Viejo Trump. La ciudad de los ancianos. Improbables torres de cristal. El Sendero de los Caballos Muertos.

¿Por qué se moría tanta gente en Coney Island? En todas las listas de las zonas de Nueva York con mayor tasa de difuntos, Coney Island estaba siempre en las primeras posiciones, junto a diversos distritos de la península de Rockaway, el corredor que

forman Corona, Elmhurst y Jackson Heights, el Este de Brooklyn y la región central del Bronx. Pero ¿por qué?, me preguntaba yo. ¿Dónde se muere la gente en Coney Island? ¿Hay algo más allí que montañas rusas, puestos donde alguna proeza con los dardos nos hace ganar patos de peluche y mostradores que ofrecen bocados suculentos? Es triste que me hiciera estas preguntas después de tanto tiempo de vivir en la ciudad. Pero la verdad es que nosotros, educados habitantes de los barrios más pudientes, apenas vamos a esa punta en el océano de Brooklyn un par de veces en la vida, cuando no sabemos qué hacer con nuestros párvulos o queremos satisfacer la demanda de algún visitante que habrá oído del Coney Island fantástico o demónico de la leyenda, el de los espectáculos de *freaks* y las parejas atontadas de las fotografías de Diane Arbus. Y yo no sabía que a dos pasos de las pocas cuadras donde están las atracciones, no muy lejos del acuario municipal y sus delfines, se extiende una vasta colonia de asilos para ancianos entre los cuales surgen masivos bloques de edificios de la Housing Authority de Nueva York, la agencia que administra las viviendas del estado.

¿Dónde se moría la gente en Coney Island? La respuesta era evidente: en aquellos asilos cuyo personal de cuidado y servicio eran hombres y mujeres que en muchos casos residían en los mencionados bloques de viviendas, adonde llevaban el virus y de donde lo volvían a traer. De ese modo se formaba una red de conductos de contagio que se extendía entre, por un lado, los comedores colectivos y salas repletas de sillones y pantallas donde los ancianos esperaban aterrados, y, por el otro, los cuartos subsidiados donde duermen cinco o seis adultos, los patios y rincones donde juegan los niños, los *living rooms* estrechos donde los más devotos murmuran las canciones que antes de la pandemia cantaban a viva voz en los templos, los ascensores por donde los enfermos descendían y los corredores que atravesaban en dirección al Hospital de Coney Island, el sanatorio público del barrio, a ver si podían encontrar alguna camilla donde acostarse y algún respirador al cual prenderse.

Fui a Coney Island con la intención de recorrer esa zona de desastre que se extiende más allá de las cuadras donde sobreviven como pueden algunos vástagos raquíticos de los grandes parques de la Edad de Oro, que terminó hace un siglo. Pero tenía en mente también otra cosa: quería observar los restos del imperio que edificó en el distrito el empresario Fred Trump, padre del ahora expresidente. Creo que ya lo dije, pero voy a repetirlo: la atmósfera de carnaval macabro que definió el año de 2020 para nosotros fue inducida por la confluencia de dos flagelos: uno biológico, el otro político. En los meses de pandemia, los que vivimos en este país presenciábamos no sólo el progreso implacable de una plaga sino la consumación boba de un crimen. Y de este crimen Coney Island era una de las principales escenas. Por eso me había propuesto visitar, además de las cuadras del distrito que el Coronavirus asolaba, dos grandes colonias edilicias que construyó allí el Viejo Trump, como lo llamaba el cantante Woody Guthrie, que vivió en una de sus propiedades y escribió estos versos para conmemorarlo:

El Viejo Trump sabe muy bien cuánto odio entre las razas
Revolvió en la olla de sangre de los corazones
Al trazar aquella línea de color
En su proyecto familiar de Beach Haven.

¡Beach Haven no es mi casa!
¡No puedo pagar el alquiler!
¡Mi dinero se va por la cloaca
Y el alma misma se retuerce!
Beach Haven es la Torre de Trump
Que ningún negro puede merodear
¡No, no, Viejo Trump!
¡Beach Haven no es mi casa!

El «proyecto familiar de Beach Haven», hogar de Woody Guthrie, donde el Viejo Trump, muerto desde 1999, había revuelto el potaje tenebroso de la enemistad racial, está en un predio que se extiende entre un depósito de trenes y el mencionado hospital público. El lugar es tan anónimo, sus edificios tan intrascendentes, sus jardines tan abúlicos, que no pude reunir la motivación necesaria para fotografiarlo, y el día en que fui a visitar la zona me puse, en cambio, a imaginar la confusión de agua, barro, pájaros y pasto que imperaría aquí antes de que multitudes consagradas al combate con el tedio colmaran esta flaca, frágil banda de territorio en la entrada de la bahía de Nueva York cuyo nombre describe mejor su pasado que su presente. Alguna vez, en efecto, fue una isla. Solía estar separada del resto de la ciudad por un estuario ahora inexistente. Una reciente historia ecológica de la ciudad describe de este modo la multitud de bancos de arena que se extienden a lo largo de la costa atlántica entre Massachusetts y el Caribe y a la que Coney Island pertenece: «Al comienzo del siglo XX, la costa sur de Long Island era una vasta zona intermedia (ni del todo tierra ni agua) de pastizales salinos, ciénagas de espadillo, playas y pantanos penetrados por entrantes que la marea producía durante las tormentas. En la primavera, bandadas de pájaros costeros que iban rumbo al Ártico y buscaban algo que comer encontraban los huevos que ponían las legiones de corpulentos cangrejos que se arrastraban desde el lecho marino. Los pájaros no eran los únicos visitantes. También acudían cazadores y recolectores abocados a seguir lo que un historiador de la Edad Media ha llamado "el instinto primitivo de forrajear". La costa del sur no solamente era un intermediario entre la tierra y el mar sino una propiedad común: un lugar para ir de caza, para cortar paja que se usaba como alimento para los animales y para recolectar fresas salvajes y hongos. Una ola creciente de desarrollo inmobiliario y recreativo, sin embargo, pronto terminaría con estas antiguas tradiciones».

En la «zona intermedia» de Coney Island el oleaje empezó a levantarse hacia mediados del siglo XIX, gracias al empuje de dos procesos simultáneos: el extremo este (hoy por hoy la sede principal de la comunidad en el exilio de las exrepúblicas soviéticas) fue ocupado por hoteles, restaurantes, casinos y un hipódromo destinado a las clases altas, mientras que al extremo oeste empezaron a llegar vapores atestados de trabajadores alemanes, noruegos e irlandeses. En esa punta un cierto Michael Norton inauguró un hotel que se convirtió en el paradero estival favorito de la caterva de políticos que controlaba por entonces el poder en el municipio de Nueva York: los funcionarios de Tammany Hall y sus compinches y custodios, hombres que bebían fuerte, peleaban fuerte, apostaban fuerte en los casinos más o menos clandestinos, copulaban fuerte con las prostitutas que los esperaban en los cuartos que Michael Norton no se había molestado en decorar. En esas habitaciones se cerraban en julio y agosto los negocios de la administración pública, mientras la brisa marina aliviaba el malestar de los corpulentos funcionarios y sus clientes, y las promesas y amenazas se mezclaban en el aire con las voces de las mujeres y los niños que bajaban de los vapores y avanzaban por la playa cantando sus canciones.

Una dramática expansión de las líneas ferroviarias durante la década de 1870 trajo una multitud cada vez mayor de inmigrantes y miembros de las diferentes etnias que componían la nueva clase trabajadora. Para atender a esta creciente población se abrieron en el centro del distrito varios restaurantes, salones de baile, burdeles y casas de baños cuya presencia multiplicaba la atracción. Para finales del siglo XIX, en un típico domingo de verano Coney Island recibía a un demencial medio millón de visitantes, menos atraídos por el mar que por los comediantes, domadores de serpientes, acróbatas y vendedores ambulantes que los recibían, entretenían y estafaban. Varios carruseles, una montaña rusa gigantesca y primitiva y una torre de cien metros traída de no sé qué Exposición Universal puntuaban el esquemático paisaje. En 1881, José Martí, residente por entonces de Manhattan, visitó «esa isla ya famosa, montón de tierra abandonado hace cuatro años». Recorrió sus «cuatro pueblecitos unidos por vías de carruajes, tranvías y ferrocarriles de vapor» y entró a disgusto en «sus museos de a cincuenta céntimos, en que se exhiben monstruos humanos, peces extravagantes, mujeres barbudas, enanos melancólicos, y elefantes raquíticos, de los que dice pomposamente el anuncio que son los elefantes más grandes de la tierra».

No todos, reconoce Martí, van en busca de esos lamentables espectáculos: en la playa ve a las madres pobres que, expuestas al vigorizador aire del mar, «aprietan contra su seno a sus desventurados pequeñuelos, que parecen como devorados, como chupados, como roídos, por esa terrible enfermedad de verano que siega niños como la hoz siega la mies –el *cholera infantum*». Pero, en general, el sitio ofrece un compendio de la mezquindad y la tontera humanas, una comparsa estrepitosa donde se mezclan los que se pesan en balanzas porque sí, los que «se sientan gravemente en un tigre de madera, en un hipogrifo, en una esfinge, en el lomo de un constrictor, colocados en círculos, a guisa de caballos, que giran unos cuantos minutos alrededor de un mástil central, en cuyo torno tocan descompuestas sonatas unos cuantos sedicientes músicos», los que «beben sendos vasos largos y estrechos como obuses, de desagradables aguas minerales» mientras celebran «la habilidad de una dama que en un tenduchín que no medirá más de tres cuartos de vara, elabora curiosas flores con pieles de pescado». Son los mismos que «con grandes risas aplauden la habilidad del que ha conseguido dar un pelotazo en la nariz a un desventurado hombre de color que, a cambio de un jornal miserable, se está día y noche con la cabeza asomada por un agujero hecho en un lienzo esquivando con movimientos ridículos y extravagantes muecas los golpes de los tiradores». Eran los que componían la multitud de setenta mil personas que acudieron a observar el incendio que se declaró en el más lujoso de los parques una noche de 1906, o que se extasiaban frente a las reconstrucciones de la erupción del Vesubio, cuando torrentes de polvo de magnesio sumergían a una ciudad de Pompeya en miniatura.

Al principio, estas diversiones eran ofrecidas por una multitud de operadores individuales, dueños de puestos que montaban sus casillas en terrenos reducidos y rentados, pero hacia el cambio de siglo varios ambiciosos empresarios edificaron grandes parques y, recitando el mantra de la «integración» tan característico del capitalismo de la época, agruparon dentro de perímetros cercados conjuntos de atracciones, las unificaron dotándolas de estéticas comunes y le ofrecieron el producto no tanto a la chusma, que era demasiado pobre para pagar las entradas, sino a los miembros de la emergente clase media. En diferentes momentos de su carrera en la industria de la construcción el Viejo Trump incorporó a la carpeta de sus propiedades los terrenos donde se erigieron los tres parques más celebres, los que tardaron más tiempo en caer frente al flagelo doble de la mala administración y los incendios: Steeplechase, Luna Park y Dreamland, paradigmas todos ellos del entretenimiento americano en la época en que iba encontrando su originalidad.

Steeplechase fue fundado en 1897 por un cierto Frank Tilyou, que para entonces llevaba décadas en el barrio administrando restaurantes, pensiones y prostíbulos. De ese modo acumuló los recursos para montar un ámbito poblado de atracciones para adultos que querían hacer las cosas que les gustan a los niños: por ejemplo, revolcarse. En Steeplechase las maquinarias los ayudaban. En el Barril del Amor hombres y mujeres se sentaban en la periferia de un tonel que giraba a tanta velocidad que, a pesar de las correas a las que todos se aferraban, terminaban apilados unos sobre otros. En la Ruleta Humana, los visitantes intentaban permanecer de pie sobre un disco que rotaba en ángulos diversos hasta que caían tumbados en montones hilarantes. Y la Mesa de Billar Humana los hacía recorrer varios estadios del desconcierto y el espanto: una pareja atravesaba en cuatro patas un corredor bajo y oscuro que los llevaba a un escenario donde, bajo la mirada de ávidos curiosos, incandescentes reflectores los cegaban y una corriente de aire inesperada le levantaba la pollera a la mujer, así se le podían ver las piernas, mientras un payaso ingresaba a darle a su consorte un shock eléctrico con una varilla, y un enano lo apaleaba con un flexible bastón inofensivo. Luego los dejaban escaparse a lo largo de un pasillo en cuyo techo colgaban ominosos toneles que amenazaban con descolgarse y aplastarlos. Steeplechase ofrecía mucho más, por supuesto, que estos cómicos sustos: uno podía bailar en el salón de fiestas, patalear en la piscina o asombrarse con quinientos nativos de un impreciso pueblo exótico que demostraban cómo era la vida cotidiana en los trópicos tremendos. Pero los hombres y mujeres (porque Coney Island por entonces no era un lugar para los niños) acudían, sobre todo, a sacudirse, a revolcarse, a que los tumben y a tumbar, a explorar las delicias del miedo y la vergüenza. El centro del establecimiento, por eso, era un pabellón llamado Insanitarium, el Insanatorio, lunático mundo presidido por el emblema del parque, Funny Face, un payaso sonriente y siniestro que aparecía en el portal vítreo de la entrada.

Luna Park, que fue fundado en 1903, era otro asunto: un cúmulo de mil doscientas torres y minaretes de madera y yeso sobre las cuales se enroscaban quinientos mil globos de luz que a la caída del sol desprendían al conjunto de la tierra. Allí el empresario Fred Thompson, el más exquisito innovador en el dominio de los parques y el precursor decisivo de Walt Disney, les ofrecía a los visitantes de su establecimiento un cúmulo siempre en expansión de «cosas que se arremolinan, y cosas tortuosas y cosas rápidas que se precipitan», como le gustaba decir: una falsa nave que viajaba falsamente a la Luna sin moverse de su plataforma; el Tobogán Humano, por cuyas ondulaciones iban deslizándose, sentados sobre rectángulos de tela, los ligeros o pesados visitantes; o el Torrente de la Montaña, recorrido por botes tambaleantes que bajaban los cuarenta metros de pendiente de un monte de cartón perforado por cuevas y cascadas. Y máquinas curiosas hacían volar a los bomberos que apagaban el incendio de un *tenement* en la simulación de una catástrofe en los barrios populares, y a los guerreros exóticos que reconstruían la caída de la ciudad de Adrianópolis, en Turquía, en la Guerra de los Balcanes de 1912. Y si uno quería experimentar los placeres más exquisitos del terror podía someterse a los rigores de «La Noche y la Mañana», dispositivo simulador de la catalepsia inspirado por Edgar Allan Poe, que nos invitaba a que ingresáramos en un cuarto que tenía la forma y la atmósfera de un ataúd coronado por un techo de cristal que se cerraba detrás de nosotros y en el cual nos transportaban hacia un mundo cada vez más subterráneo y más oscuro escuchando los sonidos de terrones que caían sobre una superficie de madera, hasta que un portón se abría en la tiniebla para admitirnos en el recinto del Infierno, donde demonios escuálidos nos iban llevando por cuevas de *papier maché* a la presencia de Satán, que montado sobre una pila de piedras de cartón y envuelto en vapor gris nos explicaba los castigos que nos había preparado, hasta que un bellísimo ángel ingresaba colgado de un cable a media altura, con una trompeta dorada entre los labios, para llevarnos de regreso al salón donde nos recibían con abrazos de alivio nuestros amigos y parientes. En Luna Park uno se asustaba y se caía, por cierto, pero sobre todo experimentaba el placer de levitar: de ser una criatura voladora entre una infinidad de criaturas que volaban.

Y si Luna Park ascendía un escalón por encima de Steeplechase en la ladera del refinamiento, el tercero de los parques aspiraba a dar un paso más en dirección a lo sublime, ofreciéndoles a los visitantes (los ciudadanos respetables de Nueva York y los cada vez más numerosos turistas) avenidas amplias y espejos de agua calma que les permitía escaparse del agobio de una ciudad donde las cenizas de trenes y fábricas ensombrecían el cielo del verano, reducir la velocidad de las acciones y los pensamientos y, tal vez por primera vez en mucho tiempo, respirar. Respirar y dejar que los ojos reposaran también en las superficies inmaculadamente blancas de las atracciones. Porque en Dreamland eran blancos los edificios que reconstruían palacios venecianos, y era blanca la reproducción de la Giralda de Sevilla. Era perfectamente blanca la mujer de cincuenta metros que presidía la entrada principal, donde estaban las taquilleras vestidas con túnicas blancas frente a mesadas que simulaban el mármol de Carrara. Era blanquísima la nieve en la cima de una montaña muy alta de madera y yeso que nos llevaba a Suiza, donde tiritábamos de frío gracias al poder de la más moderna refrigeración, como era blanco el encalado de los diminutos edificios de la Ciudad de los Enanos, donde trescientos humanos pequeños residían. Y blanquísimo era el pabellón que incluía el espectáculo más simple y fantástico de todos: cinco blancos bebés prematuros que vivían en cinco incubadoras, invención de un falsario alemán que se hacía llamar doctor Couney, cinco bebés diminutos y expuestos en cuidadas estructuras de cristal que les permitían a los visitantes ver cómo sobrevivían cuando en otras condiciones estarían muertos. Y de ese modo subrayaban que este espacio sedante y refinado tenía algo de sitio de curación, algo de escuela donde aprender los temas de la historia y de la geografía, de pabellón de retiro y hospital.

Revolcarse en superficies de pisos temblorosos, levitar en artefactos ingrávidos que nos permiten olvidar que somos criaturas con cuerpos toscos y pesados o, con la mente vaciada por el bamboleo de las góndolas y ocupada por el brillo de las lámparas refractándose en el blanco de los pabellones, respirar: estas cosas podían hacer los visitantes a los parques, guarecidos de los apostadores, las prostitutas, los adictos, los magos, los monstruos que pululaban en los callejones circundantes y en la playa. Pero el fuego, crónico azote del distrito, terminó llevándoselos a todos. El fuego decidió celebrar su más enfático aquelarre en las instalaciones de Dreamland, donde espectadores atraídos por la noticia de la catástrofe vieron a las enfermeras del doctor Couney salvar a los bebés prematuros poniéndolos en los bolsillos amplios de sus delantales y lanzándose a correr como canguros frente al avance de las llamas, seguidas por una tropilla de ponis y un león con la melena en llamas que la policía derribó con treinta balazos mientras la falsa Giralda se desplomaba sobre el piso cubierto del cristal de un millón de bombillas destrozadas. Unos años más tarde el fuego consumió las mil doscientas torres, domos y minaretes de Luna Park, del mismo modo que destruía todo el tiempo las barracas, los antros, los tugurios, los puestos, las exhibiciones de hombres, mujeres y animales. Y tras el fuego venía el viejo Trump a comprar lo que fuera que dejaba.

Todavía no les dije que el Viejo Trump, cuyos nombres de pila eran Frederick Christ, nació en 1905 en Nueva York. Era el párvulo de un inmigrante de los Estados Palatinos de Alemania que desembarcó en esta ciudad en 1885. Este hombre, el primer Frederick Trump, hizo dinero a la manera de aquel Charles Tilyou que fundó Steeplechase: regenteando hoteles, restaurantes y prostíbulos. Pero lo hacía en el noroeste del continente, en el estado de Washington, en Alaska, en Canadá, donde atendía a los aspirantes a mineros que la fiebre del oro y el alcohol más barato aturdían. Ya volveremos, más tarde, a esta historia. Digamos por ahora que a principios del siglo pasado, cuando el oro de Alaska se acababa y la fiebre descendía, cuando vivía en el barrio más bien deshabitado de Queens (donde habían terminado los antiguos residentes de la Pequeña Alemania que no se fueron

a Yorkville) invirtió el dinero que había ganado en unas pocas propiedades e inició una carrera en el ramo de la construcción que resultó interrumpida por su muerte durante la epidemia de influenza de 1919. Dejó dos hijos. El más joven, Fred, el Viejo Trump, resolvió cumplir el destino tronchado de su padre.

Aprendió por correspondencia los rudimentos de la carpintería y empleó el patrimonio que había recibido del difunto para montar una empresa al comienzo diminuta que especulaba con propiedades puestas a remate y construía casas económicas con tejados falsamente medievales para la nueva clase media que, a medida que los pantanos de Queens eran drenados, se mudaba al barrio en busca de aire fresco y de jardines donde dejar correr a sus perros y sus niños. Las llamaba «réplicas arquitectónicamente auténticas», y derivaba sus modelos de las mansiones de la época Tudor en Inglaterra o de las residencias burguesas de ciudades pequeñas alemanas. Quería demostrar que era posible vivir en la periferia de Nueva York como se vive en un villorrio, y les daba a sus proyectos nombres como Wexford y Saxony. Y a estos ejemplos de los estilos más respetables que ofrece la historia les agregaba un elemento adicional: las casas disponían de garajes para los automóviles que sus residentes todavía no tenían. Los garajes eran emblemas del futuro. Él mismo se lo explicaba a los clientes que aspiraban a comprar sus propiedades, cuyo número crecía de manera exponencial: porque a medida que transcurría la década dolorosa de los treinta fue construyendo cada vez más de estos refugios, tantos cientos que el periódico local sintió que no era una incongruencia llamarlo «el Henry Ford de los hogares».

En el verano de 1938, para darles más publicidad a sus productos, alquiló un yate que navegaba de punta a punta la playa de Coney Island con un cartelón que decía «Trump Boat Show» y una banda musical que ejecutaba versiones estruendosas de marchas militares. Tal vez fuera entonces que le vino la idea de instalar la sede de su imperio en estas costas, pero el plan fue elaborado en todos sus metódicos detalles durante los años de la Segunda Guerra Mundial, cuando pasó el mal trago de la pausa obligada de la industria inmobiliaria en la ciudad construyendo barracas en centros de entrenamientos del Ejército y la Armada. El plan era edificar un complejo residencial para que esos mismos soldados, cuando volvieran del campo de batalla, hartos de pelear en tierras cuyos nombres no podían pronunciar, en beneficio de pueblos cuyas lenguas ignoraban, pudieran instalar a las familias que pronto formarían y esperar la muerte joven que desde siempre anticipaban. Con subsidios del Estado.

El resultado de estas elucubraciones fue la implantación, en 1948, a cinco o seis cuadras de la playa, en terrenos arrancados a la ciénaga, de aquel «proyecto familiar de Beach Haven» donde el Viejo Trump se dedicaba, revolviendo el odio entre las razas, a cerciorarse de que ningún negro asustara a las familias blancas que iban a comprar sus apartamentos. No sólo eso les garantizaba a las jóvenes esposas y sus jóvenes maridos para convencerlos de que se instalaran en ese extremo de la ciudad, tan a trasmano de los puestos de trabajo y tan cerca de la capital del vicio: las viviendas serían la última palabra en la ciencia de habitar. Cada apartamento tendría una cocina «moderna, científica, completamente equipada», munida de las mejores heladeras y hornos; en los sótanos habría secadores de ropa con luz ultravioleta; en todos los cuartos habría decenas de estantes y enchufes para las radios y televisores. Y el espacio libre, verde, se ensancharía en todas las direcciones alrededor de los edificios, y los prados serían cruzados por veredas suficientemente anchas para que las madres organizaran desfiles de cochecitos de bebé. Estas madres recibirían rosas de la administración en sus días de cumpleaños, y habría en el complejo un salón de actos donde podrían asistir a conferencias sobre el cuidado de los párvulos o a conciertos en los cuales las orquestas infantiles mostrarían sus destrezas, y donde los hombres, cansados de una jornada de oficina, se reanimarían escuchando charlas sobre el futuro del cosmos y seminarios sobre administración de empresas.

Beach Haven fue un gran éxito: los clientes se apiñaron en el salón de ventas del complejo. Fue una lástima que apenas media década más tarde un incidente empañara un poco el prestigio que su artífice había adquirido. En 1954, junto con un pequeño grupo de colegas, fue convocado al Congreso de la Nación para explicar las maniobras que llevaba años haciendo para desviar hacia cuentas personales partes importantes de los subsidios con los que había materializado sus visiones. Le preguntaron cuál era la razón de los vertiginosos movimientos de las cifras entre informe e informe, presupuesto y presupuesto; le preguntaron qué funcionarios habían recibido sus contribuciones de campaña. Llamaron a sus abogados y contadores para que explicaran el motivo de tantos intrincados malabares financieros. La convicción de los investigadores no pudo ser confirmada por la clase de pruebas que los tribunales requieren, pero eso no impidió que los periódicos se llenaran de historias de avaricia y corrupción en la empresa familiar. Y el aluvión de acusaciones causó el derrumbe de la compleja estructura política y bancaria con la que el Viejo Trump contaba para edificar otro complejo en un terreno que recién había adquirido: el que solía ocupar el Luna Park. Pero sus amigos en la intendencia se apiadaron: la municipalidad le compró la propiedad a un precio favorable, y esta fue pasando de mano en mano, y en las partes que confinan con el mar algunos puestos aislados resistieron y en las partes interiores alguien terminó por construir un complejo de torres al cual le dio el nombre de aquella antigua feria de las levitaciones.

Con el dinero de la venta el Viejo Trump adquirió el predio donde solía erigirse Dreamland. Debe haber sentido que el terreno, desocupado por décadas, preservaba una atmósfera que le permitiría atraer a nuevos clientes, gente de posición más exaltada que los veteranos de Beach Haven. Para ellos conjuró una nueva fantasía, materializada en avisos publicitarios y folletos dirigidos a los potenciales compradores de propiedades en la vasta colonia que llamaría Trump Village. En Beach Haven había proyectado un modesto paraíso electrodoméstico, pero ahora, en plenos años cincuenta, otras imágenes de la buena vida circulaban: imágenes de tocadiscos estereofónicos, de copas de whisky donde el hielo tintinea, de alfombras claras de pared a pared donde los niños se tienden a leer enciclopedias y los adultos a fumar, mientras afuera el mar prosigue su murmurante bamboleo. Para

inducir la ilusión de una mítica Florida, el empresario contrató a la oficina del arquitecto Morris Lapidus, que empezó su carrera diseñando interiores de tiendas donde luces fosfóricas ponían las mercancías a flotar sobre vitrinas de cristales impecables y estantes de color crema, y luego se mudó a Miami, donde terminó por convertirse en el maestro indiscutido del estilo Moderno Mediterráneo, cuyo primer gran ejemplo es el rococó extravagante del hotel Sans Souci y el más notable, tal vez, el Fountainbleu, cuyos espacios (el Salón Boom Boom o el Recibidor de los Caniches) aparecían por entonces en todas las revistas. Lapidus aceptó la comisión, y así fue como en el viejo terreno de Dreamland se levantó un tendal de masivos edificios en cuyos *lobbies*, tapizados de mármol y espejos, las hojas de palmeras enanas rozaban los barrotes de jaulas de pájaros que no paraban de cantar, y cuyas notas se mezclaban con la música de órgano eléctrico y trompeta que sonaba en los ascensores y pasillos.

Este fue el pináculo de la carrera del Viejo Trump, que al evaluar la trayectoria de la dinastía se habrá dicho que la vida había sido magnánima con ellos. Y yo imaginaba su satisfacción al caminar, un día de mediados de los años sesenta, por Surf Avenue, a lo largo de la vereda flanqueada por el muro del Acuario de Nueva York, que Moses hizo construir, hasta alcanzar el punto donde solía estar el primero de los parques cerrados, tal vez la expresión más pura del genio del lugar. En 1966, después de décadas de dificultades, después de resistir como podía la decadencia del distrito que había sido abandonado por las clases medias cuyos nuevos automóviles los llevaban a otras playas y otros parques, Steeplechase cerró, y el Viejo Trump pudo agregar a la colección de sus trofeos el clásico terreno, donde planeaba plantar las banderas más altas y los edificios más majestuosos de su dominio. Es cierto que una reglamentación municipal estipulaba que ese predio junto al mar estaba destinado al entretenimiento, no a la vivienda. Pero confiaba en que sortear esa barrera sería un simple trámite. Y tuvo la mayor de las sorpresas cuando el Consejo Municipal evaluó su proyecto y dijo que no lo aprobaría. El Viejo Trump, aun optimista, les pidió a los concejales una audiencia para convencerlos; les dirigió elogios hiperbólicos y dibujó sus habituales castillos en el aire del recinto de reuniones, turbio de humo de tabaco. El Consejo, sin embargo, le respondió que no podía. Entonces invocó al genio de Morris Lapidus, que completó en pocas noches de invención el diseño de una Ciudad Trump que, además de majestuosas torres de vivienda, alojaría la pista de patinaje más enorme que Nueva York hubiera visto, un centro de convenciones que sería el más concurrido de la costa del Atlántico y un domo de acrílico y cristal donde se multiplicarían las tiendas y las diversiones. Sería como los viejos parques sin sus máquinas absurdas, sin los puestos de *hot dogs*, sin los *freaks* exhibiendo sus muñones y contando sus interminables infortunios: sería el espectáculo de la más vertiginosa arquitectura, escenografía deslumbrante para la exhibición de familias tan perfectas que vendrían visitantes de todo el mundo para ver sus movimientos en las rampas alumbradas por lámparas tan incandescentes como las viejas bombillas de Dreamland. Pero el obstinado Consejo dijo que no. Y cuando el Viejo Trump escuchó esta conclusión puso la expresión característica del varón blanco y demente, y proclamó que si no le daban lo que quería iba a tirar el mundo abajo.

Cuando el Consejo, una vez más, dijo que no, el Viejo Trump, que durante décadas había mantenido oculto su desprecio por los concejales, los vecinos, los funcionarios, los bañistas, en fin, por todos, se dejó ganar por el deseo de darle rienda suelta a su furor. Le vinieron a la flamígera mente las historias del lugar que su padre le habría contado, describiéndole tal vez aquellos estands de las antiguas ferias donde los clientes con grandes risas aplaudían la habilidad del que había conseguido darle un pelotazo en la nariz a un desventurado hombre de color. Reproducir en todos sus detalles aquella excelente atracción no era posible en los tiempos tímidos que le habían tocado, pero descubrió un sustituto conveniente. Organizó una fiesta para celebrar la demolición de lo poco que quedaba de Steeplechase: su núcleo más emblemático, el viejo pabellón que solía llamarse Insanitarium. Contrató a un grupo de jóvenes mujeres para que, a pesar de la garúa que cayó en la fecha del evento, sonrieran en bikini

montadas sobre grúas y tractores. Llamó a los fotógrafos de los pasquines. Armó una pirámide de ladrillos frente a la entrada del galpón ya medio en ruinas, sobre la cual gravitaba, hecha en cristales de colores, la cara familiar de Funny Face. Vestido con su clásico traje de tres piezas y con el bigote engominado le arrojó el primer ladrillo; a quien quisiera unirse a él, le vendía a precios bajos los improvisados proyectiles (a sus hijos se los daba gratis, por el gusto de verles el entusiasmo). Cuando no quedaba nada del vitral, se montó a una de las grúas y, abrazando la cintura de una de las falsas bañistas, aplaudido por su familia y sus acólitos, dijo que si allí no podía erigir su *opus magnum*, no se levantaría nada nunca. Y se volvió al palacio neoclásico que era su residencia de Jamaica Estates, en Queens. No lo sabía todavía, pero fue su última gran aparición pública. Una extenuación que no había conocido lo invadió, y el Viejo Trump no construyó nada más en los años menguantes de su vida.

El virus de Coney Island, que desde siempre viajó montado en el placer que puede causarles a los humanos la contemplación de los desastres que sufren los edificios, los barcos, los animales, las personas, le había entrado al Viejo Trump hasta los huesos, y creyendo que operaba en la mayor autonomía, no era más que el instrumento que Steeplechase había escogido para su autoinmolación. El legendario empresario Frank Tilyou, una vez en que el parque se incendió, abrió todas las puertas de las ruinas calcinadas y les cobró entradas a los visitantes para ver la destrucción causada por el fuego, tras lo cual reconstruyó su establecimiento a velocidad vertiginosa y a lo grande. Y el propio Funny Face, antes de que el rostro se le hiciera trizas, habrá dirigido su vacua mirada satisfecha en dirección a Donald J., que se habría montado a la pila de ladrillos para lanzar proyectiles en todas las direcciones, sabiendo que ese hombre joven continuaría las tradiciones de la isla y, saltando por encima del envejecido cuerpo de su padre, buscaría sus propios parques para derrumbar, en busca de aquel escenario final y perfecto donde poner en escena su propia inmolación. Y en cierto modo la toma del Capitolio que sucedió hace muy poco fue el remate de la furtiva travesía de Funny Face.

Me refiero al día de destrozos de enero de 2021 en que el Congreso de la Nación fue invadido por miles de hombres y mujeres incitados por el presidente, vestidos con uniformes militares o chaquetas de caza, llevando en alza banderas de Estados Unidos y el Estado de Israel junto al emblema papal amarrados a lanzas de juguete que intentaban combinar con cascos verdaderos de albañil y falsos de vikingos. Esas tropas se paseaban por los salones repletos de retratos con una expresión que asociaba el fervor militante, la admiración del pobre confrontado con la manifestación de un esplendor cuya existencia no había sospechado y el resignado entusiasmo del turista que atraviesa los pasillos asfixiantes de los Museos Vaticanos para llegar alguna vez a la Capilla Sixtina, sin saber del todo qué lo mueve. Con ellos marchaba Funny Face, escondido en mil máscaras, disimulado bajo mil sombreros, ataviado con falsas pieles, enarbolando carteles esperpénticos: el evento inespera-

do fue una versión particularmente extravagante de la fiesta de demolición de Steeplechase. Y no me extrañaría en absoluto que ahora una extenuación que jamás había conocido invada a Donald J., impidiéndole hacer nada con los años menguantes que le quedan.

El punto donde solía estar Steeplechase es donde empezaba el dominio de la enfermedad: una morfología urbana que es tan característica de Nueva York como lo fue la Coney Island de los grandes parques. Es la asociación de los *projects*, las residencias para ancianos, los centros de desintoxicación, las casas para exconvictos en tránsito. Esta singular constelación que el tiempo, las estrategias de los propietarios, el peso de las tradiciones y costumbres y la gestión municipal han engendrado decidió el curso del Coronavirus en la ciudad y, sobre todo, el mapa de la muerte. Porque el virus mata a los ancianos más que a nadie. Y sobre todo mata a los ancianos en casas de retiro: un tercio de las víctimas durante la fase más intensa de la crisis vivía en esos ámbitos. Pero los que cuidan a los ancianos son los pobres, y sobre todo los pobres negros y latinos o los que acaban de inmigrar: son esos los que acuden a llenar los puestos muy mal pagos que ofrecen. Son los que viven en los *projects* que abundan o las casas deterioradas de madera que sobreviven en la zona, y no tienen que hacer más que cruzar una calle para acudir a los comedores, las salas de reuniones, las enfermerías, los patios, las terrazas y los cuartos donde los ancianos esperan.

Allí donde alguna vez Fred Trump celebró su última fiesta hay una playa de estacionamiento que media entre un parque abierto hace diez años por Central Amusement International, subsidiaria de la compañía italiana Zamperla, que es la empresa líder del mercado global de montañas rusas. Yo me detuve allí por un momento, observando las torres de Trump Village a la distancia y cerca de mí un área en abandonada construcción, y seguí camino por la ancha pasarela que va bordeando la playa, que estaba desierta excepto por algún que otro empleado que había salido a tomar el aire o a fumar. Un par de minutos después había llegado al punto donde solía estar el hotel de la Medialuna, un establecimiento construido en 1925, cuando la época dorada de Coney Island iba menguando. Aquel edificio ahora inexistente tenía dieciséis pisos; el interior, hecho en el estilo hispano-colonial que siempre hace pensar en el Caribe, estaba lleno de mesas petisas como cofres, sillones que imitaban botes salvavidas y bares donde los taburetes tenían la forma de toneles. Este símil de un galeón pirata era el antro preferido por los jerarcas de la Mafia. Allí convocaban a sus mejores asesinos, los miembros de cierto sindicato criminal radicado en el barrio de Brownsville, en Brooklyn, que se llamaba a sí mismo Murder, Inc., y cuyo representante más egregio, Abe «el Chico» Reles, murió allí en 1941. Para evitarse la prisión, se había convertido en informante, y la policía lo había alojado en una habitación en el sexto piso hasta que le llegara la hora de testificar en un juzgado de Manhattan contra Albert «el Verdugo» Anastasia, célebre jerarca del crimen local. La madrugada del día indicado lo encontraron desplomado en la costanera, al pie de la ventana –abierta de par en par– de su cuarto. Había atado una sábana a otra sábana, y las dos a un alambre fijado a un radia-

dor. Los inspectores a cargo de la investigación dijeron que el alambre se había soltado, pero nadie les creyó.

Y a mí me parecía que el collage que atravesaba el muro del asilo de Sea Crest, ese retazo de tela que pendía a duras penas de no sé qué gancho, era una alusión, dirigida a los turistas que frecuentan las escenas de incidentes macabros, a aquel antiguo asesinato, que precedió en pocos años al cierre del hotel, cuyo edificio se convirtió en un hospital especializado en servicios de maternidad hasta que, en 1953, la Hebrew Home and Hospital for the Aged abrió allí, con bombos y platillos, el Metropolitan Jewish Geriatric Center. Así comenzó la avanzada de las residencias para ancianos a lo largo de la mitad oeste de Coney Island, y ahora hay tantas que no sé cómo contarlas: la Foundation for Senior Citizens, el Oceanview Manor Home For Adults, la Scheuer House of Coney Island, y la St. Joachim & Anne Nursing and Rehabilitation Center, administrado por la iglesia Ca-

tólica, que al parecer no pudo completar una transacción particular. Hace unos pocos años, estuvo a punto de ser transferida a cierta compañía que tiene el sugerente nombre de Allure Group, Grupo Seducción. La compañía administra varias casas de retiro en Nueva York, donde les ofrece a los ancianos servicios innovadores y excelentes. Para los que sufren de Alzheimer, «el Grupo Seducción –anuncia el sitio web de la compañía– ayuda a los clientes y sus familiares a través del viaje [*the journey*, la aventura] de la pérdida de la memoria», y, para eso, cada uno de sus establecimientos tiene una plaza de la Memoria, con jardines y estanques poblados de multicolores peces, donde los enfermeros les recuerdan los logros alcanzados en sus vidas, las pasiones y deseos que sin duda aún tienen, y los acompañan a su «estación de vida» individual, un cubículo donde están los objetos más preciados de su brumoso, cada vez más brumoso pasado. Y para los ancianos chinos están los Jardines de la Longevidad, y para los hispanos, las celebraciones extravagantes organizadas por la división Salud Latina.

El problema es que el Grupo Seducción, que en los últimos años ha comprado asilo tras asilo tras asilo, a veces cambia de idea y en lugar de edificar sus plazas, jardines y estaciones memoriosas vende los edificios que se transforman a continuación en condominios, dejando a los ancianos en la calle. Sospechando que esta era la intención, el Consejo Municipal vetó la venta como había vetado, medio siglo atrás, el último proyecto de Fred Trump, y los ancianos siguen recibiendo la atención católica, esperando que los dejen salir, como en los buenos tiempos, a caminar por las cuadras de costa que les tocan, las que solían recibir el nombre de «La Tripa», «The Gut», el vientre o la cloaca, porque allí estaba lo peor de lo peor: los burdeles más sórdidos, las tabernas más violentas, los juegos de azar más intrincados, los sitios donde se ofrecían las drogas más letales. Ningún sensato visitante de los parques se asomaba a esos establecimientos plantados en la arena y tapados por los pastizales. Tampoco lo hacían los que vivían hacia el interior de la isla, en la dirección de una breve lengua de agua (el Arroyo Coney Island) que, pálido resto del estrecho que separaba a la isla del territorio principal de Brooklyn, es hoy coto de los pescadores y de algunos vagabundos que instalan en sus bordes casillas de chapa, madera y cartón como las que tanto se ven en Sudamérica. Todavía es posible encontrar a lo largo de Neptune Avenue, a un par de cuadras de la playa, algunas de las casas que habitaban los italianos, eslavos y judíos que se congregaron por allí en la primera mitad del siglo XX, abriendo sus templos austeros y sus restaurantes de comidas típicas. Y si bien muchos de los vecinos participaban de la economía criminal, otros sostenían los valores igualmente tradicionales de la familia y el trabajo.

Estos vecinos celebraron el día en que la legislatura local aceptó que la municipalidad trajera al barrio a algunas familias dependientes de la Seguridad Social, extirpara los tugurios de la zona y plantara en los baldíos edificios nuevos. Celebraron también cuando un día de 1957 vieron llegar a las cuadrillas de la City Housing Authority trayendo pilas de ladrillos y de caños y las máquinas destinadas a construir el primero de los complejos de viviendas económicas que luego proliferarían a lo largo del distrito: las Coney Island Houses. Pero dejaron de aplaudir cuando empezaron a desembarcar los primeros habitantes de estos *projects*, muchos de los cuales habían sido expulsados de secciones de Harlem y Brooklyn que eran presa de los programas de demolición de barriales insalubres. Y una vez que la extirpación de «La Tripa» cobraba velocidad, y los planificadores y funcionarios les ordenaban a las susodichas cuadrillas que siguieran clausurando establecimientos de la noche para dar lugar a los nuevos habitáculos donde venían a vivir afroamericanos y latinos, los residentes irlandeses, eslavos e italianos que solían vivir en las casas de Neptune Avenue iban marchándose a suburbios de Long Island o Nueva Jersey.

En el último tercio del siglo pasado, cuando la memoria del Coney Island de los grandes parques se había vuelto ya muy tenue, cristalizó un sistema que llevaba décadas formándose: la vieja zona del vicio se volvió el dominio de los ancianos y los pobres. Y como esto sucedía en territorios tan lejanos de los centros del poder y el dinero de Nueva York que era como si estuvieran en otra ciudad, las lámparas de los postes de la costanera se apagaban y no volvían a encenderse; automóviles olvidados se oxidaban en las calles de veredas cubiertas de los restos de muebles y pequeños animales que llevaba y traía el agua de las inundaciones, agua estancada y opaca del arroyo o agua transparente del océano. Los cables pelados y los calentadores económicos generaban chispas que impactaban la madera de las viejas construcciones, y así se desataban incendios que abarcaban manzanas y manzanas convertidas en marañas de metal y carbón. Y los propietarios celebraban el avance del fuego, que les permitía cobrar el dinero del seguro e irse como se habían ido los italianos y los irlandeses, dejando sólo a los negros, los hispanos, los viejos, los adictos, los dementes: todos aquellos miembros de la población con los cuales la ciudad no sabía bien qué hacer.

Así se generó la simbiosis de la que hablaba hace unas páginas: una proporción considerable de residentes de los complejos de viviendas económicas recurren a los empleos usualmente mal pagos de los asilos. Pero en marzo, abril y mayo la sociedad que formaban se partió en pedazos. Déjenme contarles en dos palabras cómo sucedió. Pero antes es necesario que comprendan que dos tercios de las residencias para ancianos de la ciudad son de propiedad privada, artefactos cuyo propósito primario es el lucro; un cuarto pertenece a asociaciones de beneficencia; la proporción residual es gestionada directamente por el Estado. Pero el Estado lo financia todo: son casi siempre los programas públicos de jubilación y de salud los que les pagan a las compañías y las fundaciones para que cuiden a los que tienen que cuidar, especialmente si se trata de indigentes. Les paga una cifra especificada y fija por cada cama que se ocupa en sus establecimientos cada día. Una cama vacía, desde la perspectiva de los administradores, es una porción de dinero que se pierde; si alguien ya no necesita de una de ellas, es urgente que alguien más venga a reemplazarlo. Y, como cuantos más empleados y empleadas se contraten menores resultan las ganancias, los asilos suelen contratar tan poca gente como pueden. El equilibrio entre cuidadores y cuidados es muy frágil: en tiempos normales, si los hay, apenas dan abasto las Enfermeras Asistentes (que se ocupan de la alimentación, la limpieza, la higiene, el traslado que demandan los internos), las Enfermeras Prácticas (que administran los

medicamentos, chequean los signos vitales, ponen vendajes y curan infecciones) y las Enfermeras Residentes (que se ocupan de los tratamientos complejos, el cuidado de los casos más agudos, la comunicación con las doctoras). El personal de los seiscientos asilos del estado de Nueva York es, por eso, siempre insuficiente, y las mujeres y hombres que trabajan en ellos suelen estar en condiciones extremas de fatiga y ansiedad.

En tiempos normales este edificio de varillas sostenidas con oxidados alfileres apenas puede mantenerse en pie: cualquier temblor lo tambalea. Con el Covid-19 se desplomó. Si el personal ya era escaso, la ausencia de las enfermeras que pronto se habían enfermado lo extinguió: donde había poca gente para atender a los ancianos, de repente no hubo casi nadie. En cierto asilo donde treinta y tres residentes terminaron por morir hubo semanas de abril en que los directores generales y específicos, los administradores y los técnicos, estaban todos infectados, recluidos en sus domicilios, y cientos de ancianos eran atendidos por dos supervisoras enfermeras. Sobre ciento veinte residentes en otra institución una sola empleada sobrevolaba repartiendo medicamentos, conectando tuberías, sirviendo raciones, asistiendo a enfermos epilépticos, limpiando baños, llamando por teléfono a médicos que no la atendían, preguntándose dónde se habían ido todos y quiénes eran los ancianos que se habían congregado en el comedor a ver si organizaban un comité provisional para contener de algún modo la anarquía. Las pocas enfermeras que estaban disponibles (no importaba ya cuál fuera su categoría en el viejo escalafón) muchas veces trabajaban todos los días de semana tras semana tras semana durante dieciséis horas sucesivas, y la falta de sueño y la impotencia las atontaban tanto que ni siquiera atinaban a resistir la incitación de los administradores que les decían que si se habían contagiado no importaba, que igual se presentaran al puesto de trabajo, que no podían dejar solos a los viejos, que si no iban las echaban: que vinieran, que ellos les daban analgésicos.

Les decían esto desde sus remotas residencias. Porque así como el Estado Nacional se había ausentado en el país, los patrones se habían ausentado de los establecimientos que hasta hacía poco regenteaban. Y se habían ido dejando poco de la inmensidad de cosas que hacían falta: uniformes y barbijos, instrumentos y mamparas, guantes y procedimientos para detener el curso de la infección. En sus esporádicos llamados a veces transmitían, como quienes ocupaban en Washington la sede del susodicho Estado Nacional, que tal vez estuviéramos preocupándonos demasiado por el Coronavirus, que su poder quizá no fuera tan grande como nos habían dicho, que tal vez no hiciera falta tener tanto cuidado, que no importaba si los pocos delantales que quedaban estaban cubiertos de manchas que ningún jabón sería capaz de limpiar, que estaba bien que hicieran lo que hacían, traerse de casa sus pijamas, mejor cosidos, más herméticos que las indumentarias que ya no recibían, que hacían bien en cubrirse la cara con pañuelos, tanto más elegantes que las máscaras quirúrgicas, que en la industria del cuidado de los ancianos vale todo.

Supongo que se forman una idea del desorden, la angustia, el desconcierto que imperaba en aquella sección de Coney Island. Sólo voy a agregar que la conciencia de ese horror me hizo parecer especialmente incongruentes los volúmenes gemelos de cristal que vi plantados entre toscas moles de ladrillo en el extremo oeste de la playa. Una rápida búsqueda en mi teléfono me reveló que se trataba de un complejo de apartamentos de lujo, tiendas y restaurantes financiado por el billonario local John Catsimatidis, que además de la empresa inmobiliaria responsable del proyecto y no sé cuántos intereses en el dominio de los combustibles, es el propietario de la cadena de supermercados más extensa de la ciudad. No hacía mucho, en el espíritu de la expansión, había comprado una emisora de radio desde donde ofrecía su apoyo incondicional a Donald Trump, de quien es uno de los patrocinantes principales, y donde tienen shows numerosas luminarias de la extrema derecha. El propio Catsimatidis se reserva en su radio una emisión donde expresa su credo político y detalla las razones por las cuales en su casa en las afueras, donde sensores infrarrojos mapean cada milímetro del terreno, guarda bajo la almohada del cuarto donde duerme una Walther PPK/S, la pistola preferida de James Bond, muy

preferible a la escopeta de caño recortado que pone debajo del colchón su esposa.

Ocean Drive es el nombre del proyecto de Catsimatidis, que les promete a los clientes potenciales «la sofisticación de Miami en la costanera de Coney Island». «Residencias personalizadas para la vida moderna», proclama el sitio web antes de anunciar apartamentos dotados de los mejores electrodomésticos que producen Alemania e Italia, pisos de roble o de arce, mesadas de mármol y enormes ventanales para que la brisa invada los salones y los cuartos. «La conserjería abierta las veinticuatro horas y su servicio de valet –agrega– se pueden hacer cargo de pasear a sus perros, lavar su ropa y reparar lo que haga falta, así Usted puede mantener un estilo de vida ocupadísimo, sabiendo que lo que necesite lo estará esperando en el umbral de su residencia.» El estudio arquitectónico responsable del proyecto es Hill West, un favorito reciente de los grandes empresarios que ha colaborado con luminarias globales del firmamento arquitectónico (Herzog & De Meuron,

Christian de Potzamparc) en edificios semejantes por toda la ciudad. La descripción del proyecto de Ocean Drive en el sitio web de Hill West pone el énfasis en su situación «vecina a las comunidades cerradas del barrio», y explica que «mejorará el área entera aportando un extenso espacio comercial que alojará una tienda de alimentos de calidad, incrementará el calibre de la costanera y promoverá el renacimiento de la zona». De ese modo, las dos torres se convertirán en el nudo más remoto de una red de construcciones que se extiende por todo Nueva York, cuyos ejemplos más masivos se alzan en el centro de Manhattan: los rascacielos del «corredor de los billonarios» en la calle 57 y, en la ribera del Oeste, Hudson Yards.

Si el renacimiento del área que Red Apple Real Estate promete tiene lugar, crédito tendrá que serle dado a la pandemia, que alrededor de las dos torres, más acá de los portales de las comunidades cercadas, mataba a ancianos e indigentes con eficiencia extraordinaria. Algunos de los asilos serán seguramente clausurados y probablemente demolidos. Otro ciclo parece listo a comenzar, pensé. Y al hacerlo sentí que el tiempo se había detenido, que aún sonaban las trompetas falsamente mexicanas que habían animado los pasillos de Trump Village, sus palieres llenos de palmeras petisas y jaulas de pájaros cantores que poblaron el lugar donde bebés prematuros sobrevivían gracias a la ciencia de un falsario en un pabellón blanco cancelado, igual que todo, por el fuego. En esos pasillos y palieres es posible que una inválida que avanza en su silla de ruedas o un niño que corre en un triciclo se topen a la vuelta de un recodo con los dos Frederick Trump, espectros borrosos y vestidos con idénticos trajes de tres piezas, tomados de la mano, rígidos, de pie, embobados en quién sabe qué especulación inmobiliaria.

Serán el Viejo Trump y su padre, un nativo de Bavaria que desembarcó en Nueva York en 1885 y no bien llegado se instaló con la familia de su hermana en aquella Pequeña Alemania, en el East Village, arruinada por el naufragio del *General Slocum*. Allí se pasó seis tristes años trabajando un poco de barbero y otro poco de otras cosas, moliéndose el lomo durante seis días de dieciséis horas de cada bendita semana, y cuando en el séptimo día visitaba los establecimientos de Coney Island –cruzándose tal vez, sin saberlo, con José Martí cuando descendía con el resto de sus compatriotas en la punta de Norton– se cuidaba de no despilfarrar el tesoro que de a poco iba juntando con el objeto de financiar su viaje hacia el Pacífico, donde la Fiebre del Oro multiplicaba por entonces sus estragos. Pensaba trasponer los modelos gastronómicos, recreativos y hoteleros que estudiaba en esta punta de Nueva York a los páramos casi inexplorados del Noroeste.

En el año de 1891 desembocó en Seattle, que por entonces era un puerto fronterizo y repleto de hombres sombríos y descabellados. Abrió una modesta casa de comidas en el distrito rojo (en «La Tripa») de la ciudad, y en la trastienda improvisó con palos y telas las divisiones de un prostíbulo. Pero había decidido que Seattle no fuera más que una momentánea detención, y luego de dos años de cocinar bistecs, desparramar aserrín en el piso para esconder los escupitajos y la sangre, después de veinticuatro meses de cobrarles a las prostitutas el alquiler de sus covachas y a los clientes el acceso a los cubículos secretos del restaurante Lácteo (ese era el nombre), se mudó al pueblo montañoso de Monte Cristo, cuyas vetas atraían a miles de mineros que cambiaban sus pepitas por catres, vituallas y mujeres. Pasó tres o cuatro años allí, regenteando un establecimiento semejante al que había dejado más al sur, pero las napas minerales se agotaron, una tormenta invernal derribó el tejado de su establecimiento, y el pueblo volvió a hundirse en el pedregal del cual por un momento había emergido. En ese punto, Trump, siguiendo el rastro de las multitudes de frenéticos y trashumantes buscadores, se puso en marcha hacia el distrito de Klondike, en el Yukon, en Canadá, sin saber que llegar iba a ser tan difícil. Especialmente si uno llevaba cargamentos tan pesados como él.

Porque en Klondike, tierra de nadie, no había nada, y el empresario que quisiera abrir la clase de comedor, prostíbulo y pensión que Frederick de Bavaria anticipaba tenía que llevar todo: implementos de cocina, porotos secos y latas de conservas, toallas y sábanas, cuchillos y revólveres. Tenía que transportar sus cajones por barco hasta algún puerto en la costa hostil de Alaska, desde donde, si no había sido despojado de sus propiedades y su vida por las bandas criminales que infestaban el territorio, debería trasponer una brusca cadena montañosa. El único sendero que podían transitar las mulas y caballos que portaban las provisiones y los materiales con los que Trump pensaba abrir «El Nuevo Ártico» era un paso estrecho y rocoso, sesenta kilómetros flanqueados por riscos de quinientos metros donde los gritos y aullidos rebotaban hasta producir una gruesa masa sonora. La superficie era ardua y traicionera. Los animales se morían todo el tiempo. Y donde habían caído quedaban, abandonados por sus propietarios, y así el paso se iba llenando de cadáveres que los sucesivos viajeros con sus bestias no tenían otro remedio que pisar. Según escribe una biógrafa de la dinastía, «a medida que los meses fueron pasando las murallas del paso se teñían del rojo oscuro de la sangre. Pezuñas, entrañas, huesos y pellejos se mezclaban con la bosta de los animales sobrevivientes en un fango vil e indescifrable. La repugnante experiencia de Samuel Graves, un banquero de Chicago que se convertiría en arrendatario de Frederick en el Yukon, era típica. Una mañana en que iba por el sendero en un viaje de reconocimiento, vio que un caballo se desplomaba. Al volver unas horas más tarde vio que la cabeza del caballo estaba a un costado del sendero y la cola en el otro, mientras que el resto del cuerpo había sido convertido en pulpa por el tráfico constante».

Pero Frederick Trump, que venía con su tambaleante caravana, vio en esta carnicería una oportunidad de incrementar instantáneamente su tesoro. Vio que la nieve no paraba de caer sobre la senda, cubriendo a los vivos y los muertos, convirtiendo el estrecho paso en un gigantesco frigorífico sin puertas pero capaz de mantener frescos y comestibles a cientos y cientos de cuerpos de mulas y caballos. Interrumpió la marcha, montó unos toldos a la vera del camino y puso frente a los toldos un cartel que anunciaba platos suculentos para los hambrientos caminantes. Por la mañana se movía con agilidad felina, munido de hachas y cuchillos, sobre las pilas de equinos derrumbados, y cortaba las mejores partes para elaborar con las papas y porotos que traía los potajes agrios pero nutritivos que los viajeros preferían. Siguió llenando de esa manera sus alforjas hasta que quedó poco en el Sendero de los Caballos Muertos que pudiera cocinar. Entonces levantó campamento y siguió hasta el pueblo de Bennett, donde construyó un establecimiento cuyos servicios, como siempre, estaban orientados a hombres tan solos como él, hombres aturdidos de ilusión y muertos de cansancio. En el portal un letrero anunciaba que su hotel estaba provisto de todas las ventajas modernas, que el menú incluía no sólo el mejor pato, el mejor ganso, el mejor caribú, el mejor conejo, sino frutillas, fresas, higos, que el cocinero preparaba las ostras frescas de mil maneras, y que el edificio tenía cuartos privados para las damas, cuartos que, además de los mejores colchones, estaban provistos de balanzas en las cuales podrían pesar el polvo de oro que les traían sus clientes. Allí el patriarca pudo por fin atesorar un módico tesoro que años más tarde invertiría en magras propiedades del remoto distrito de Queens, simientes que germinarían en las fortunas de su hijo y su nieto.

El estruendo de un motor que se acercaba me sacó de este clima de antiguas danzas predatorias ejecutadas sobre restos orgánicos y piedras y establecimientos destinados al despojo de mineros aturdidos. Era un tractor que se movía hacia mí con el ímpetu arrogante de los vehículos que abundan en los filmes de la serie de *Mad Max*. No sé por qué razón en lugar de apartarme de su camino asumí la otra actitud propia del animal cuando están a punto de atacarlo: me quedé inmóvil. Como era un día frío, yo estaba cubierto íntegramente por mi más amplio y oscuro capote, y la máscara negra que me había puesto dejaba a la vista solamente una franja del rostro, de manera que desde la perspectiva del conductor de ese vehículo yo debía parecer un monje que hubiera encontrado en esta costa una simulación adecuada del desierto. Tal vez eso lo apiadó, y en lugar de atropellarme torció su rumbo y continuó en la dirección de la vieja Punta de Norton, donde los empresarios de hace más de un siglo celebraban sus nupcias con furtivos burócratas.

Cuando el ruido se calló crucé la playa hasta la orilla, donde un pilote corroído o calcinado avanzaba bruscamente sobre el mar, como si fuera el resabio de cierta atracción que alguno de los antiguos empresarios tal vez haya imaginado: uno de los rieles de un ferrocarril para suicidas.

El cruce de Laconia

Fantasías en el cementerio de Woodlawn. El extravío de George Washington DeLong. Un endeble portal del ultramundo. El juguete colgado. Dos maneras de trenzar hilos de cobre. Irrupción de los autócratas Lugar y Tiempo. Naturaleza gaseosa de los parques. Futura arquitectura funeraria.

Cuando quiero imaginar la arquitectura de los parques legendarios, Luna Park y Dreamland, voy al cementerio de Woodlawn, en el Bronx, donde los más ambiciosos mausoleos fueron construidos por la misma época y de acuerdo a la misma sensibilidad. En Woodlawn con frecuencia el esplendor arquitectónico quisiera menos enmudecernos frente a la majestad del ultramundo que sugerir de que, después de todo, no deberíamos tomarnos la muerte tan en serio. Hay que tomárselo más bien –proclaman las tumbas– como lo hacían en Egipto, donde el que estaba por fallecer sabía que su último aliento sería el signo de que entonces empezaba la aventura mejor que esta tierra les ofrece a los que consienten en sufrirla: los grandes viajes de planeta en planeta, los navíos que avanzan por ríos calmos de color turquesa, los combates con reptiles de cinco cabezas y felinos de tres colas. Los motivos egipcios se encuentran en Woodlawn por todas partes y tienen sus más sofisticadas expresiones en los grandes bloques blancos vigilados por esfinges que los fundadores de Woolworth's y Macy's se hicieron construir hace cien años. Fantástica es también la tumba de Richard Hudnut, el gran precursor americano del arte de la perfumería, inventor de fragancias insólitas que fabricaba en la farmacia de sus padres, que terminó por convertir en salón de belleza en una época (hace un siglo y medio) en que tales establecimientos apenas existían. La compañía Hudnut expandió sus operaciones a todas las ramas de la cosmetología, y su fundador hizo una extravagante fortuna ofreciéndoles a las mujeres la Maravillosa Crema Helada que era la inequívoca respuesta a los problemas que la piel no dejaba de causarles. Tal vez sea por eso que su tumba, con su trío de columnas en forma de huesos retorcidos que sostienen un remate en forma de hongo, tiene algo de frasco cuya tapa estuviera en curso de desenroscarse, dejando aparecer un querubín que se lleva las manos al rostro de manera tan ambigua que no sabemos si llora o juega al juego del *peekaboo* y en cualquier momento va a asomarse y decirnos que no nos preocupemos, que todo entierro es una broma.

Pero otras piezas ofrecen emociones más dramáticas: por ejemplo el mausoleo que hizo edificar para su familia el abogado

y filántropo Samuel Untermyer. La pieza central del monumento es obra de Gertrude Vanderbilt Whitney, extraordinaria escultora en la manera ecléctica, además de fundadora de hospitales de campaña y el museo que sigue llevando su nombre. A veces los portones de esta tumba están cerrados, pero cuando se abren parece que lo hicieran por efecto de un ventarrón que proviniera del dominio de los muertos y nos dejara presenciar una escena confusa que en rigor no debiéramos ver, como si empujáramos la puerta de un salón donde tiene lugar una orgía a la que no hemos sido invitados. Nadie parece saber quién es la belleza que nos mira de modo tan penetrante desde el recinto que tiene algo de templo de no sé qué país del sur de Asia, interponiéndose entre nosotros y un hombre de rodillas que alienta o llama a la mujer que está en curso de ascender al cielo oscuro y bajo: tal vez sea una enterrada viva que, habiéndose fugado de su féretro, nos acusa en silencio del mal que le hemos hecho, pero nos sugiere que ahora que ha pasado por el dominio de la muerte sus fuerzas son mayores, tanto para la guerra como para el sexo.

Me encanta ir a Woodlawn a mirar todas estas curiosas aventuras en el mundo de la arquitectura funeraria, pero ese día fui para evocar una aventura de otro orden: quería visitar el memorial de George Washington DeLong, comandante de la expedición del navío *Jeanette* al Polo Norte. Esta expedición fue uno de los eventos más comentados de las últimas décadas del siglo XIX, pero pocos hoy en día la recuerdan. Pocos saben que George Washington DeLong era un joven marino dominado por la obsesión de ser el primero moderno en alcanzar la frontera del mundo conocido, la Ultima Thule que postulaban los vikingos, la Región Hiperbórea de los griegos, la horadación de la corteza de la tierra por la cual se accede al interior de nuestro Globo del capitán John Cleves Symmes, Jr. (inspirador de la única novela de Edgar Allan Poe, *La historia de Arthur Gordon Pym*), la región más retirada del planeta, el hipotético mar cálido, el hogar de una vida marina exuberante que algunos pensaban que existía más allá de la corona de glaciares que obstruye el paso hacia el polo. El hombre que aceptó financiar su sueño era James Bennett, millonario, deportista, navegante y propietario del *New York Herald*, el diario que se había convertido en el más leído del país gracias, sobre todo, al dramatismo hiperbólico de sus informes, a las historias de esplendor y decadencia que enviaban sus cronistas en Shanghái o Budapest, a su propensión a las invenciones más exuberantes y a la producción activa de noticias. Si era posible y la expedición tenía éxito en su búsqueda del portal que algunos llamaban el «Pasaje Termométrico», si DeLong lograba descubrir el acceso al océano del Norte –pensaba Bennett–, sería la primicia más extraordinaria que el diario hubiera publicado; y si la expedición resultara en quién sabe qué catástrofe, el extravío o la muerte de los expedicionarios sería un motivo de titulares estruendosos, casi tan deseables como los felices.

La expedición, con su capitán que el *Herald* había convertido en un héroe nacional (alguien «que toma su propia vida entre sus manos para ofrecerla en el altar del Ártico»), zarpó entre aclamaciones, cañonazos y llantos de alegría en 1879 desde un puerto cercano a San Francisco. Continuó su ascenso muy veloz hasta el Delta del Yukón, en Alaska, y luego fue bordeando la costa este de Siberia, cruzando un paisaje de témpanos que chocaban unos contra otros produciendo sismos y explosiones. El mar del otoño le ofreció a la expedición un paso fácil, pero pronto la llegada del invierno, que congela todo en un instante, lo apresó en un corset tan implacable como si fuera de cemento. De ahora en adelante el hielo abroquelado jugaría con el buque, transportándolo de aquí para allá y deteniéndolo durante meses en parajes que ningún mapa identificaba, no dejándoles a los expedicionarios otra opción que la inmovilidad y el tedio, apenas mitigado por la lectura, la caza de bestias perdidas y los juegos de fútbol que disputaban en la superficie congelada en los días menos gélidos. Pronto cayó la noche polar con sus firmamentos plagados de fantásticos meteoros, y la nieve fue cubriendo el volumen del *Jeanette* y la escarcha los lentes de los telescopios. Había llegado la hora del terror, y la hora del terror duró dos años, concluyendo recién cuando el hielo, cansado de entretenerse con su irrisorio juguete, resolvió quebrarlo y luego hundirlo.

Los treinta y tres hombres y cuarenta perros que quedaban iniciaron una larguísima marcha sin dirección precisa, a ciegas, arrastrando botes y trineos, siempre empapados pero apartando, tercos y embotados como mulas, las cortinas de la niebla. Había felicidades repentinas en su fútil movimiento: rayos de sol que rebotaban sobre torres de cristal o la visión del rojo escarlata del que ciertas algas son capaces de teñir el hielo. Pero en general era desplazarse a tontas y locas por el terreno más extraño: el mar Paleocrístico (por ese nombre lo conocían) donde el agua no permanece en ningún estadio y pasa todo el tiempo del líquido al vapor, del vapor a la nieve, de la nieve al hielo que forma cubos, globos, agujas y volúmenes que a veces parecen de alabastro. O por lo que DeLong llamó, en una anotación del diario de navegación que nunca dejó de completar, la «capa esquelética»: terrenos de un hielo tan frágil y plagado de hundimientos y salientes, de charcos y canales delgados y sinuosos, que les parecía atravesar un tejido flotante hecho de vértebras, fémures, cráneos y costillas de quién sabe qué animales. O por la tundra que un científico francés había descrito como «el sepulcro del mundo primigenio», sede de una forma peculiar de semivida donde todo lo que existe «emite un vapor que instantáneamente se transforma en millones de agujas heladas que producen en el aire un sonido semejante al crujido de la seda».

Después de meses de caótica marcha se toparon con una extensión de mar bravío que se interponía entre ellos y una franja costera que no podía ser sino la punta este de Eurasia. Se separaron en tres grupos, se montaron en las tres lanchas que habían arrastrado y se lanzaron al cruce. La oleada los dispersó inmediatamente. Una de las lanchas se hundió. La otra, comandada por DeLong, terminó en un paraje inhóspito del delta del nebuloso río Lena, en la Siberia; a las dos o tres semanas de estéril trayectoria se les terminaron los últimos víveres, el aliento se les fue escapando y de a uno perdieron lo que les quedaba de razón, muriéndose por fin entre alucinaciones. La tercera lancha, comandada por un sobrino del escritor Herman Melville, terminó por encontrar un poblado de nativos que los llevaron a la capital provincial de Yakustk, que ya por entonces era un destino común de los deportados, y que con el tiempo y la llegada al poder de Iósif Stalin terminó por convertirse en el punto de partida de una autopista que sigue su recorrido demencial por los sitios más inhóspitos del planeta. Las víctimas de su construcción terminaron por llamarla la Ruta de los Huesos: allí los presos políticos y otros condenados que se morían de cansancio eran enterrados debajo del pavimento que iban extendiendo (ahora no sabemos cuántos fueron, si trescientos mil o un millón).

Por entonces los habitantes de Rusia no eran tan hostiles a sus pares norteamericanos como lo serían luego, de manera que asistieron a los hombres de Melville en la búsqueda que terminó con el descubrimiento de once cadáveres congelados, entre ellos el del comandante, en un paraje perdido de la tundra. Los pusieron en un gigantesco ataúd común y enterraron el ataúd en una elevación rocosa, fuera del alcance de los lobos. El *New York*

Herald recibió, por supuesto, la primicia. Envió cien reporteros a Siberia que recorrieron en trineo los sitios del calvario. Uno de ellos llegó al monte donde estaba el sepulcro de los mártires; contrató a un grupo de indígenas para desenterrarlo y lo abrió para ver si encontraba rastros del trabajo de potenciales saqueadores o la voracidad de los caníbales que pensaba que habría en ese páramo. No encontró nada más que los cuerpos de los marinos, intactos, limpios, envueltos en sus uniformes. El ejemplar del periódico que incluía el informe de aquel periodista vendió cantidades astronómicas de ejemplares. La gente no paraba de hablar del asunto en las pocilgas de Five Points y en las oficinas de Wall Street, y una multitud se congregó meses más tarde para asistir al regreso del cuerpo de George Washington DeLong a su ciudad y su puesta en reposo para siempre en el cementerio de Woodlawn, donde ese día había hecho mi primera parada para verlo, plasmado en un bloque de piedra del cual quisiera desprenderse pero que lo apresa de manera tan implacable como el hielo había apresado a su navío.

Y todo este hueserío me venía a la mente porque tenía la intención de llegar antes de que cayera el sol hasta una isla donde hay tantos huesos que ya no puede contenerlos y va dejándolos caer en la desembocadura del East River. La isla en cuestión está en el ángulo noreste de la ciudad, frente a la costa de Sands Point, donde había establecido su residencia el memorable arribista Jay Gatsby, y muy cerca de la Playa del Huerto, creación sublime de la oficina de Robert Moses. Es la isla de Hart, donde desde hace más de un siglo y medio la ciudad realiza los entierros de los difuntos paupérrimos o anónimos, y a esta altura contiene al menos un millón de esqueletos en diversos estados de integridad. Ya lo dije: durante la primavera de 2020, la municipalidad, sin saber ya qué hacer con los cadáveres (hubo días a principios de abril en que se nos morían mil vecinos, cuando en tiempos normales se mueren doscientos), con los pocos hornos incineradores de los que la ciudad dispone atiborrados de trabajo y las funerarias dejando descolgados los teléfonos para no tener que decirles a los deudos que ya no tenían sitio en sus depósitos, la municipalidad, decía, activó sus planes de emergencia y empezó a llevar allí a las víctimas del mal que nadie hubiera reclamado o cuyas familias no pudieran encontrarles un rápido destino. No todos iban a quedarse en la necrópolis: los funcionarios de la morgue etiquetaban los cajones, apuntaban con cuidado el punto exacto en las fosas colectivas donde cada uno iba a parar y establecían el procedimiento a seguir en caso de que algún pariente quisiera solicitar, en tiempos menos crueles, la restitución de su madre, su abuelo, su sobrino.

Nadie que no tenga deudos enterrados en la isla y se pase meses realizando trámites y certificaciones puede ir a esa porción de territorio que el Servicio Penitenciario administra. Está a dos pasos de la costa, pero es como si estuviera en la Siberia. Nuestra mejor opción para observarla desde tierra es otra isla, llamada isla de la Ciudad y unida al cuerpo principal del Bronx por un corto puente. Hacia allí –no está imposiblemente lejos del cementerio de Woodlawn– me dirigía, adelantándome a la caída del sol, pero a esta altura de mis caminatas había dejado de saber si llegaría a destino, o alguna sorpresa en el trayecto me induciría a desviarme. Yo, que soy capaz de marchar en línea recta durante horas, por entonces ya marchaba de maneras erráticas, torcidas. Era como si Nueva York se me fuera convirtiendo en el estuario del poderoso río Lena, que corre desde las alturas de Mongolia hasta el punto en que el aluvión de agua, barro, troncos, animales y residuos que ha arrastrado a lo largo de medio continente se confronta con un tapón de hielo que le obstruye el paso al mar y, no pudiendo desembocar como se debe, se abre en miles de brazos, se estanca en miles de lagunas y termina por componer algo así como una mano de un millón de dedos que tocan el océano en cientos de quilómetros de costa. Por eso, al salir de Woodlawn, me propuse seguir la ruta más directa a mi destino: fui bajando por la avenida que tiene el excelente nombre de Gun Hill Road, la Ruta de la Colina del Cañón.

Me costaba prestarle atención a las cuadras por donde pasaba: iba abstraído. Se comprende. Para un argentino como yo las fosas colectivas son entidades particularmente siniestras: nuestra última dictadura militar las empleaba para deshacerse de los cadáveres de los martirizados, cuando no los arrojaba directamente al mar. Si por añadidura uno es aficionado a la literatura la invocación de tal sitio le puede hacer pensar en un fantástico poema de juventud de Borges. El poema («Muertes de Buenos Aires») tiene dos secciones: una dedicada al cementerio tradicional de la Recoleta, camposanto patricio, melancólico y espléndido; el otro es el cementerio plebeyo de la Chacarita, que resultó de una epidemia. En 1871 el municipio porteño, confrontado con la plaga de la fiebre amarilla y la negativa de la ciudadanía local a permitir que se enterrara a las víctimas del mal en los cementerios existentes, dispuso llevar a los difuntos a una chacra remota, más allá del límite de la ciudad de entonces. Un tren (que la población de inmediato llamó el Tranvía Fúnebre) transportaba los montones de muertos –que llegaron a ser, en lo peor de la crisis, más de quinientos cada día. También llevaba a los parientes de luto y a los empleados que, sin saber que los difuntos pueden ser vectores de contagio, a continuación se enfermaban y se convertían otra vez en pasajeros, ahora inertes, del mismo tranvía. Estas escenas terribles, que Borges debe haber escuchado de testigos de primera mano, son las que el poema describe así:

> Porque la entraña del cementerio del sur
> fue saciada por la fiebre amarilla hasta decir basta;
> porque los conventillos hondos del sur
> mandaron muerte sobre la cara de Buenos Aires
> y porque Buenos Aires no pudo mirar esa muerte,
> a paladas te abrieron
> en la punta perdida del oeste,
> detrás de las tormentas de tierra
> y del barrial pesado y primitivo que hizo a los cuarteadores.
> Allí no había más que el mundo
> y las costumbres de las estrellas sobre unas chacras,
> y el tren salía de un galpón en Bermejo
> con los olvidos de la muerte:
> muertos de barba derrumbada y ojos en vela,
> muertas de carne desalmada y sin magia.

Y el proceso, desde entonces, no ha parado: la muerte «sigue multiplicando tu subsuelo y así reclutas / tu conventillo de ánimas, tu montonera clandestina de huesos / que caen al fondo de tu noche enterrada / lo mismo que a la hondura del mar». La «dura vegetación de sobras en pena» se obstina en presionar los muros de ese precario mausoleo que no puede contener su «caliente vida» mientras «cúpulas estrafalarias de madera y cruces en alto / se mueven –piezas negras de un ajedrez final– por tus calles», que son menos calles que disciplinados corredores por donde se abre paso una muerte «incolora, hueca, numérica». O tal vez sean tuberías: porque este «barrio que sobrevive a los otros, que sobremuere», esta cuesta final y lazareto, es el «desaguadero de esta patria de Buenos Aires».

El horror que el poema comunica podía discernirse también en la reacción de los vecinos de Nueva York al enterarse de que a causa de la pandemia la administración municipal había ordenado que cavaran más fosas colectivas en la isla de Hart que las que se habían cavado en muchas décadas, tal vez imaginando nuestra local Chacarita como un pozo sin fondo donde los cadáveres se mezclan en un amasijo indescifrable, un mundo de quimeras inquietas y calientes suspendidas en las desaforadas órbitas de un maelstrom. Pero yo no estaba seguro de compartir ese horror. Tal vez fuera que acababa de leer un reportaje a la directora de una casa funeraria de Brooklyn, una mujer llamada Amy Cunningham que hablaba de su esfuerzo por convencer a las familias que poseían pocos recursos de que el cementerio de la Ciudad en la isla de Hart podía ser visto desde una perspectiva diferente a la que nosotros adoptábamos: no como un lugar de oprobio, sino como un sitio espiritual. ¿Es que la mejor manera de pasar a la otra vida es emplear como vehículos urnas o cajones puestos en pozos y nichos estrictos y privados? Al preguntármelo, me venía a la mente la fascinación de Edgar Allan Poe por los entierros en conjunto de amantes, compañeros, amigos y enemigos. La más sublime materialización de la figura (cuya materialización carnavalesca está en «Pérdida del aliento») se encuentra en «El coloquio de Monos y Una», que es un diálogo de dos amantes muertos alojados en la misma tumba. Han fallecido hace cien años, durante «los más perversos de nuestros perversos días», aquellos en que «las Artes alcanzaron la supremacía y, una vez entronizadas, encadenaron al intelecto que las había llevado al poder». Lo que el texto llama aquí «las Artes» es lo que nosotros llamaríamos las Técnicas: los saberes y procedimientos orientados al dominio del mundo natural, un virtuosismo en el cálculo de las generalidades que, según el texto, enmascara una fundamental imbecilidad y que deforma «el bello rostro de la Naturaleza como lo hacen los estragos de una espantosa enfermedad». Monos, el primero de los dos amantes en morir, el principal informante en el diálogo de lo que pasa en el mundo de la muerte, es tajante: «Si el hombre, como raza, va a evitar la extinción, debe "nacer de nuevo"», y entonces «la superficie de la Tierra, lastimada por el Arte, una vez que haya pasado por esa purificación capaz de borrar sus obscenidades rectangulares, se vestirá de nuevo con el verdor, las laderas de las colinas y las aguas sonrientes del Paraíso».

El tránsito hacia el ultramundo de Monos –que tal vez ha fallecido de tristeza por el estado de cosas en la Tierra– atraviesa regiones diferentes a las que nuestras tradiciones reconocen. Así lo sugiere la descripción del recorrido que el fallecido nos ofrece. Comienza por decir que el incidente que los otros identifican con nuestro fin no induce en absoluto la desaparición de la sensibilidad. La condición del difunto es semejante, agrega, «a la extrema aquiescencia del que, habiendo dormido profundamente durante un largo tiempo, acostado y completamente inmóvil en un mediodía de verano, comienza a regresar lentamente a la conciencia, a través de la pura capacidad de su sueño y sin que perturbaciones externas lo despierten». La voluntad tampoco es cancelada, pero renuncia a ejercer sus antiguos poderes. Los sentidos se activan más que nunca, «aunque de manera excéntrica: cada uno asumiendo caprichosamente y con frecuencia las funciones de otro». El gusto y el olfato se fusionan en una sensación inusualmente intensa; una gota de agua de rosas en los labios induce imágenes de flores que son las formas ideales de las que observamos en el mundo; los párpados, que se han vuelto transparentes, no obstaculizan la visión, cuyos objetos son recibidos por la mente como sonidos brillantes o sordos, curvos o angulares; el roce de los dedos de la amante desencadena una corriente de imágenes que colma todo el organismo de placer. Pero nada induce conceptos ni emociones, y las lágrimas de los que asisten al velorio, cuando caen en el rostro del cadáver, «estremecen cada fibra de su cuerpo con un éxtasis».

Ese torbellino de desordenadas sensaciones recibe al difunto en el primer día de su muerte, mientras lo velan los que nada saben de su renovada existencia, los vivos que están menos vivos que él. Cuando llega la noche y la sala del velorio se oscurece siente una opresión en los miembros y escucha un sonido constante, semejante a un gemido grave o el rumor de la marea, pero apenas las lámparas se encienden y expanden la melodía de su luz (porque el muerto la ve menos que la escucha), cuando entra en el recinto su amante, se despierta la última de las emociones, la sombra más bien de una emoción, una mera palpitación que desemboca de nuevo en la aquiescencia y abre las puertas para que surja, «del naufragio y el caos de los sentidos usuales», un sexto sentido, aún físico, pero todavía más intenso. Cuando ya ningún músculo se contrae, ningún nervio tiembla, ninguna arteria palpita, surge en el cerebro un sentido que Monos no puede describir sino «como una pulsación pendular de la mente», «la corporización moral de la idea abstracta del Tiempo»: un agudo sentimiento de la duración, que «existe (como el hombre no podría haber concebido que existiera) independientemente de toda sucesión de eventos». Una vez que la distinción de los sentidos se ha desvanecido, una vez que el razonamiento ha cesado, una vez que las variedades de la experiencia emocional se han resuelto en la más pura aceptación, todo se fusiona «en la simple conciencia de entidad y en el persistente sentimiento de duración». En este punto el individuo ha perdido sus atributos sustanciales pero mantiene la experiencia de sí mismo como una singularidad que reside en el puro Tiempo, y es capaz de intuir la presencia (no la forma) de la amante que se acerca «como el que duerme es a veces consciente de la presencia corporal de alguien que se inclina sobre él». Y así lo conducen a la tumba, donde tiene lugar una última transformación: la conciencia de ser va volviéndose más tenue, a medida que se incrementa la conciencia de «la mera localidad». La entidad que éramos se transmuta gradualmente en el lugar. «El angosto espacio que rodeaba inmediatamente lo que había sido el cuerpo –sigue Monos– ahora se convertía en el cuerpo mismo.» Y solamente un estímulo interrumpe más tarde la continuidad del éxtasis: la tumba se abre y sobre los restos de Monos desciende, envuelta en la luz del Amor, el féretro de Una, por fin fallecida. El último párrafo del diálogo es magnífico:

Y ahora de nuevo todo era vacío. Aquella luz nebulosa se había extinguido. Aquel débil estremecimiento había desembocado en la aquiescencia. Muchos lustros pasaron. El polvo regresó al polvo. El gusano ya no tenía qué comer. La sensación de ser había desaparecido por completo, y reinaban en su lugar, en lugar de todo, dominantes y perpetuos, los autócratas Lugar y Tiempo. Porque para aquello que no era, para lo que no tenía forma, para lo que no tenía pensamiento, para lo que no tenía sensación, para lo que no tenía alma ni porciones de materia, para toda esta nada y toda esta inmortalidad la tumba era todavía un hogar, y las corrosivas horas compañeras.

A medida que avanzaba crecía la ansiedad por llegar a mi destino. Me preguntaba si la visión de la isla de Hart me despertaría el espanto que el poema de Borges comunica o la reverencia que la perspectiva de aquella directora de una casa funeraria y la de Edgar Allan Poe sugieren. Y hubiera corrido hacia allá sin detenerme si no me hubiera topado con la East End Funeral Home, cuyo trivial edificio en Gun Hill Road parecía, considerando las condiciones, muy sereno. De repente, me descubrí absorto frente al cartel de su playa de estacionamiento.

Entre las letras de estilos eclécticos distribuidas en este estrafalario portal del ultramundo una «M» colgaba en equilibrio
inestable, mientras que el nombre del propietario (Frank H.
Cinquemani) se disolvía en una línea quebrada. Al ver este cartel olvidé mi propósito y cedí a su inexistente invitación. En
lugar de seguir adelante, entré en el estacionamiento con el cuidado del que camina por un campo minado, con la sensación
de que este suelo no estaba hecho para que nadie lo pisara. Y
traspuse de ese modo la extensión de asfalto herido, saliendo a
la calle 211, donde pronto descubrí un oso de peluche que colgaba de un árbol en un jardín mantenido por la comunidad, y
me maravillé por la persistencia de ciertas tradiciones. Muñecos semejantes aparecen en un libro del escritor y activista Jonathan Kozol realizado en base a visitas y entrevistas hechas en
el sur del Bronx, en los barrios de Morrisania, Melrose, Mott
Haven y Hunts Point a mediados de la década de 1990, cuan

do el consumo de crack y heroína explotaba, y el sida encontraba el territorio más propicio entre las mujeres y travestis que les ofrecían sus servicios a los camioneros del mercado central que sigue estando por allí. La violencia que hizo que el destacamento policial a cargo de esa zona recibiera el mote de Fuerte Apache ha disminuido desde aquellos días, pero el lugar sigue teniendo, como entonces, la tasa de pobreza más alta de toda la nación. Y para empeorar los estragos de la pobreza, la municipalidad durante décadas ha ido acumulando allí los desagües que su planta purificadora filtra y los miembros amputados, el tejido fetal y las cenizas que los hospitales envían a su planta incineradora, generando un aire tóxico que empeora el asma de adultos y niños, volviéndolos especialmente vulnerables durante plagas como la que ahora nos asaltaba.

Este libro contiene algunas de las visiones más desoladoras que conozco, pero también se obstina en descubrir, en un universo de ruinas, sitios donde surgen formas inesperadas de belleza. En el comienzo, un niño que guía al escritor en un breve recorrido del distrito le hace notar que en una pequeña plaza que los vecinos han improvisado en un baldío hay un árbol de cuyas ramas cuelgan varios animales de peluche junto a un tinglado donde al mediodía de un día cualquiera, cuando las madres ya no vienen con sus hijos más pequeños, se instalan los voluntarios que les ofrecen a los adictos jeringas desinfectadas para que se eviten el contagio del sida y la hepatitis, y por la tarde establecen sus portátiles tiendas los vendedores de heroína que hacen una pausa cuando algún evangelista se detiene a predicar. La plaza aloja un memorial para el principal traficante de la zona y su hermana menor, los dos recientemente asesinados, frente a un pastizal donde han tirado varios barriles vacíos que llevan todavía un letrero que dice que allí hay contenidos tóxicos. Pero en el barrio del cual este es el centro simbólico y el resumen «hay una "fuerza vital" que persiste entre las ruinas», dice Kozol, y las mujeres mantienen sus casas impecables, decoran sus portales con tarjetas de colores, les dan a sus niñas los nombres más inventivos y bellos. «La fuerza de la vida insiste en empujar las lúgubres barreras que la contienen; y finalmente, incluso en un baldío ruinoso de la avenida St. Ann, un parque se forma y osos de peluche toman sus puestos en las ramas de un árbol, y hombres paupérrimos que viven en la calle y se alimentan en el comedor gratuito que hay justo al lado o el que funciona en el sótano de la iglesia, y heroinómanos que usan "Dinamita", "Black Sabbath", "Muerte Negra" y las otras variedades de las drogas que sus cuerpos necesitan se abstienen de hacerles daño a los osos, y no tratan de descolgarlos sino que los tratan con una cierta ternura y hablan de ellos en tono protector.» Por eso es que «las instantáneas del desastre que uno ve en los informes televisivos sobre el sur del Bronx rara vez capturan estas realidades de la vida cotidiana. Hay una poesía en todo esto y, extraño como puede sonar, muchas veces algo de real belleza». Pero al mismo tiempo, agrega Kozol, «la poesía puede parecer macabra: en un extremo del parque hay osos colgantes y en el otro el memorial de un traficante muerto a los treinta y cinco años después de haberles vendido la muerte a muchos. Los osos, que ahora estaban empapados por la lluvia y parecían más bien desolados, lo habían visto todo».

Se entiende por qué aquel oso que encontré en una calle de Laconia (porque este es el nombre tradicional del distrito y de la región que en la Grecia antigua presidía Esparta) me hizo pensar en esta escenografía de Mott Haven. Y podrán entenderme si les digo que me resulta especialmente intrigante que entre las manifestaciones de esa poesía Kozol registre una escena de aprendizaje literario en la cual Edgar Allan Poe cumple un rol central, junto a un señor portorriqueño de setenta años que hace años ha sido afectado por la fascinación por la literatura inglesa y vive en un edificio ruinoso. Este hombre aprendió la lengua para leer a John Donne y John Keats, pero descubrió su pasión verdadera al leer *Paradise Lost*, y se pasó años y años realizando una versión al español en octava rima que nunca fue publicada. Y ahora ha adquirido un discípulo, un niño hispano de doce años que se llama Anthony y habla un inglés curiosamente arcaico. Cuando Kozol le pregunta si tiene una vida feliz, él responde: «Señor Jonathan, mi vida es como la vida de Edgar Allan Poe». ¿Por qué? Porque Poe residió en el Bronx y «no tuvo una vida muy feliz. Cada vez que empezaba un trabajo no lo podía terminar, y este es también mi problema. Su esposa contrajo tuberculosis, pero él de todos modos la quería. Después de que ella murió, tuvo un colapso del cual nunca se repuso».

Y ¿cómo ha encontrado este niño los escritos de Poe? Una vez vio en un puesto de libros usados en la calle su cubierta estruendosa y compró el libro con una accidental moneda que llevaba. Y ¿qué relato prefiere? «La mascarada de la Muerte Roja.» Y este relato ¿qué dice? Dejémosle el privilegio de la sinopsis a Anthony: «Es sobre una plaga que recorre el mundo. Ha estado por muchos, muchos años en el país. Pero un hombre decide celebrar una fiesta porque no tiene miedo. Piensa que la plaga nunca lo alcanzará si logra que las cosas sean muy seguras. Por eso cierra todas las ventanas, todos los portones, todas las puertas, incluso el ojo de las cerraduras de las puertas. "Séllenlas", dice. Y las sellaron. Porque no querían que la plaga entrara». Pero la plaga entró. Y ¿cómo era esa plaga? «Como agujas puntiagudas, como la tuberculosis. O más bien como el sida porque es una enfermedad que se mete en la sangre. Aunque no había sida en esa época. Ya sé: era cáncer.» ¿Y qué otras plagas hay ahora? «La tristeza es una plaga ahora. La desesperación es una plaga. Las drogas son una plaga, pero el que es infectado no es necesariamente el primogénito. Puede ser el segundo hijo –dice, bíblico–. O el más joven.» Le resulta significativo que Poe hubiera sido adoptado por una familia de Baltimore, «porque sus padres eran demasiado pobres para mantenerlo. En cualquier caso, estaban por morirse. La única cosa que podían costear era mantener a sus hermanos, pero no a él. Pero ahora que lo pienso, tampoco podían mantener a sus hermanos, así que los regalaron a todos. Lo único que tenía era una imagen de su madre. Hasta yo tengo una imagen de su madre». Y concluye: «Su madre era hermosa». La ambición de este niño, que ha conseguido comprar una reproducción de la imagen de la madre del poeta, es peculiar: «Señor Jonathan, no le he dicho esto a nadie, pero me gustaría que me entierren en el sitio donde está enterrado Edgar Allan Poe».

¿Cómo imaginaba aquel niño de hace treinta años qué suerte en el ultramundo correría de ser enterrado en el sitio donde yace su héroe literario? ¿Habría leído «El coloquio de Monos y

Una»? ¿Habría leído «Pérdida del aliento» e imaginaría el jolgo-
rio de despertar a su maestro para entablar conversaciones bi-
zantinas? Cosas así me preguntaba mientras cruzaba por enési-
ma vez el paisaje de la pobreza neoyorquina: de nuevo me
flanqueaba la consabida colección de templos diminutos de denominaciones evangélicas, oficinas de abogados donde se hablan todos los idiomas, tiendas de ropa de segunda mano, residencias para ancianos, talleres de reparación de camiones y
automóviles, lavanderías, restaurantes de cocina etíope y haitia-
na, consultorios, locales para el envío de dinero y despensas de
cerveza y licor. Gun Hill Road es, en efecto, un bulevar gemelo
de aquellas arterias del sur de Brooklyn, el centro de Queens o la
parte central de Staten Island donde transeúntes abstraídos en
la memoria de quién sabe qué otro mundo se apoyan en los muros de edificios que han cambiado tantas veces de función que ni
sus dueños consiguen acordarse si algún remoto arquitecto los

concibió como comercios, viviendas, talleres, oficinas o depósitos. Por eso no les infligiré la narración de la anodina trayectoria que en poco menos de una hora desembocó en un dédalo intrincado de autopistas que separa el Bronx de los extranjeros y los indigentes de la cuidada extensión verde del parque de Pelham.

Esperaba trasponer ese parque y acceder a la isla de la Ciudad antes del crepúsculo. Pero al llegar al punto donde debía doblar en la dirección de mi destino atisbé un cubo gigantesco de metal brillante. Era difícil decir desde la distancia de qué material estaba hecho ese etéreo volumen cuya superficie era recorrida por pliegues regulares que transmutaban la luz del sol en ágiles destellos dorados que jaspeaban el plateado general. Pasado el instante de sorpresa, recordé que este espejismo era el Public Safety Awareness Center II, la Central de Asistencia para la Seguridad Pública II, diseñada por el famoso estudio de Skidmore, Owens & Merrill e inaugurada hace un par de años. En ese cubo cada día cuatrocientas personas se ocupan de recibir y transmitir llamados de emergencias policiales o médicas, denuncias de incendios, derrumbes e inundaciones y una lista interminable de desastres causados por seres humanos, animales y por los indóciles elementos. En esa mole se reciben once millones de llamadas en el curso del año. Allí confluyen también las transmisiones de decenas de miles de cámaras plantadas en sedes del gobierno, rutas, subterráneos, escolleras, esquinas y tiendas: todo llega a esa fortaleza que contiene una estructura infinitamente compleja de cables de fibra óptica y de cobre. Es el edificio más hermético de toda la ciudad: este polígono de ochenta metros de lado, fabricado de cemento, revestido de planchas de aluminio y plantado sobre una firme elevación, es capaz de resistir disparos, bombas, aluviones de agua y nubes de gas tóxico. Por eso tiene apenas una docena de ventanas, provistas de los cristales más gruesos que nuestra técnica haya concebido, flacas y altas rajaduras destinadas a llevar alguna luz solar al corazón de este imán de mensajes que nadie que no pertenezca a la organización puede visitar. Pero el resto de los pasillos, las oficinas, las salas de máquinas, las recepciones y los baños reciben el mismo alumbrado artificial e implacable, y para volverles la vida algo mejor a los sufridos empleados han instalado en el salón comedor un descomunal muro de plantas sobre el cual confluye, a través de innumerables conductos de metal y plástico, el aire denso de los espacios de trabajo, para que las plantas lo purifiquen y pongan de nuevo a circular.

Las fotografías que no es difícil encontrar en internet no dan una idea de la milagrosa levitación del edificio, que se erige sobre un montículo en forma de bóveda cubierto de pasto minuciosamente recortado. Y como yo no lo había visto nunca crucé la autopista para observarlo de más cerca. Pero cuanto más me aproximaba más borroso se volvía. Es que la cerca perimetral estaba cubierta de zarcillos y ramas que se entrecruzaban en una maraña que parecía menos interceder entre el cubo y mi persona que treparse al edificio, como si fuera una especie vegetal ignorada aún por nuestra ciencia que buscara penetrar la fortaleza que nosotros creíamos impenetrable. Por un momento imaginé

que ya estaba comenzando aquella purificación del mundo moderno profetizada por Edgar Allan Poe, cuya pieza central es la completa destrucción de las obscenidades rectangulares que las Artes, según Monos, les han infligido a los humanos. Tal vez el muro de plantas de interior que los arquitectos dedicaron a mejorar la ventilación del edificio les hubiera transmitido herméticas señales a sus semejantes que pueblan la intemperie, y que estos, para liberarlas de su cautiverio, abrazaran la prisión que las retiene como lo hacen las viñas del *kudzu*, que cubren sus soportes arbóreos de manera tan completa que los secan y derrumban.

El color crepuscular de los reflejos del sol en los pliegues de aluminio me hizo caer en la cuenta de que si bien no era imposible ganarle a la noche la carrera en dirección a la isla de la Ciudad no podía darme el lujo de seguir perdiendo el rumbo. Y me libré de la fascinación por el asedio imaginado de las plantas circundantes a la inerte central de emergencias para incurrir a los pocos minutos de camino en una fascinación aún más absorbente. Sucedió cuando vi en el parque de Pelham una arboleda a cuyos pies se extendían a pérdida de vista ondulaciones inquietantes y tuve la impresión de volver atrás unos meses en el tiempo, al día de cierta excursión que con mi familia realizamos durante nuestro viaje, hace mucho mencionado, a la región central de Italia. En esa ocasión, visitamos la necrópolis etrusca de Banditaccia, en el pueblo de Cerveteri, donde una colonia de cientos de tumbas que, cavadas en la roca de una elevación y coronadas por túmulos regulares, se alinean a lo largo de senderos muy urbanos, parecen, vistas desde la distancia, «montículos de pasto con la forma de hongos, grandes montículos con la forma de hongos», como escribió alguna vez, después de recorrer el sitio, D. H. Lawrence. Y no puedo privarme de citar el comentario que la necrópolis le suscitó: «Hay una peculiar quietud y un reposo curiosamente apacible en todos los sitios etruscos donde estuve, muy diferente a la extrañeza de los lugares célticos, la sensación levemente repulsiva de Roma y la antigua Campagna, y la sensación más bien horrible que producen las grandes sedes de pirámides en México, Teotihuacán y Cholula, además de Mitla en el sur; o los amigablemente idólatras santuarios del

Buda en Ceylán. Hay una gran quietud y suavidad en estos grandes montículos cubiertos de pasto, y en el sendero central subsiste todavía una suerte de domesticidad feliz. Es cierto que los vi-
sité en una serena y soleada tarde de abril y que los ruiseñores
levantaban vuelo desde el pasto suave de las tumbas. Pero había
una quietud balsámica en el aire, en ese sitio apartado, y la sensación de que estar allí era bueno para nuestra alma».

Algo parecido sentimos nosotros aquella vez en la necrópolis de Banditaccia, y yo volvía a sentirlo al acercarme a la arboleda en Pelham. Pronto comprendí que las bajas colinas que me
habían atraído pertenecían a una colonia de viñas que, el invierno había reducido a esa condición que pronto remediaría el
progreso de la primavera. No pueden verlo en la fotografía, pero
el color de las escuálidas ramillas que se entrecruzaban era exactamente el del cobre, y la textura de los toldos que erigían se
asemejaba a la de esas esponjas de metal que usamos en nuestras cocinas. Laderas bajas de este material cubrían la superficie entre los árboles de penachos ascendentes y respondían a

mis pisadas, una vez que entré en su dominio, como lo haría aquella tundra que un científico francés describía como «el sepulcro del mundo primigenio», con un sonido semejante al crujido de la seda. Pero la escenografía que formaban no evocaba tiempos arcaicos, sino una época tal vez futura en que nuestros descendientes más sutiles pudieran caminar por los arcos de estos pabellones sin romperlos. En cierto momento, esta composición en el color del cobre me pareció ser una metamorfosis del sistema de cables que recorre el edificio del PSAC II: allá los filamentos formaban trenzas que, encerradas en sus envolturas, aspiraban al ideal de transmitir las voces evitando que las sumergiera el enemigo rumor que nunca depone su amenaza. Aquí, en cambio, era todo rumor, niebla, zumbido de cuyo espesor parecían emerger larvas de mensajes furtivos e incompletos. Esta arquitectura ingrávida me pareció ser la forma visible de la napa más secreta de nuestro mundo, el borde ondulante del tejido con el cual confeccionan sus disfraces «los autócratas Lugar y Tiempo».

En «Revelación mesmérica», un relato que Poe escribió en la granja cuyo terreno ocupa ahora el edificio donde vivo, un sujeto cuyo nombre el narrador no nos revela ha sido puesto en trance, por propia voluntad, en el momento en que su tisis lo ha llevado al borde de la muerte, y en esa condición mantiene una conversación con su hipnotizador, a quien le dice que en el universo no hay otra cosa que materia; lo que solemos llamar «espíritu» es una materia infinitamente sutil e indivisible. Los movimientos de esa entidad insustancial que impregna e impulsa todo, que es idéntica a Dios, es lo que llamamos *pensamiento*. Cada criatura individual es una encarnación de la mente universal en un cuerpo rudimentario, una colección de órganos articulados para interactuar con porciones discretas de la totalidad: ojos para lo visible, oídos para lo audible, estómagos para lo digerible, brazos que empujan volúmenes y uñas que desgarran frutos y animales. Este es un envoltorio destinado a ser abandonado, y el desprendimiento sucede en el momento de la muerte, cuando se inicia la metamorfosis por la cual nos reapropiamos de nuestro cuerpo último, que no tiene órganos, que ya no necesita esos conductos parciales. Porque «en la vida desorganizada, superior, el mundo exterior alcanza al cuerpo entero, sin ninguna otra intervención que la de un éter infinitamente más sutil que el luminoso; y el cuerpo, en contacto con este éter, en unísono con él, vibra y pone en movimiento a la materia sin partículas que lo impregnan». Tras la metamorfosis de la muerte, las criaturas individuales ya no residen en tal o cual punto del espacio, sino en el Espacio mismo, y ya no pueden percibir estrellas, campanadas, aromas, árboles, pliegues, ríos, suspiros, ciudades, rocas, máquinas, rugidos, buques, llantos, ya no pueden percibir otra cosa que el teatro sin actores ni escenario, el estadio desierto, la ciudad deshabitada, ni siquiera eso, sino, una vez más, el puro Espacio. Pero eso es la felicidad misma, como lo expresa el rostro del sonámbulo que muere apenas declara esta verdad. No, que la declara desde el dominio de la Pausa, cuando no está vivo ni muerto.

En este rincón simplificado del parque de Pelham, dócil a los pasos pero impenetrable, ocupado por una arquitectura más liviana que el más leve de los gases, una edificación de filamentos que no parecía enraizarse en la tierra ni atravesar el aire sino ondular en el puro Espacio, sentía que pasaba a través de un desierto exuberante hecho de partículas no de arena o polvo sino de átomos de sensación cuyo torbellino organiza señales errabundas, cuyos trenzados tejen telas de las cuales no podemos decir, cuando se agitan, si se trata de percepciones, memorias, figmentos de la imaginación o productos del razonamiento, y en cuyo trasfondo sospechamos el latido monótono de aquella «pulsación pendular de la mente» que es «la corporización moral de la idea abstracta del Tiempo».

No sé si alcancé o no un atisbo de esa Ultima Thule de la experiencia mientras atravesaba la arboleda. Sé que sin proponérmelo desemboqué en un angosto camino, más allá del cual había un monte que tenía el aspecto característico de los antiguos basureros que desde hace un par de décadas, para evitarnos la visión de los desmanes infligidos al paisaje por nuestra anterior demencia y celebrar el advenimiento de una era más sensata, el municipio cubre de plástico grueso, atraviesa con tuberías destinadas a canalizar los líquidos y gases que la descomposición produce, y tapa todo con una capa de humus fértil sobre la cual planta unos pocos arbustos y arbolitos, para convertirlos en parques. A esta altura de mis caminatas, la tipología me resultaba familiar. Una forma semejante tiene el parque Shirley Chisholm, que está sobre la bahía de Jamaica, frente a un complejo de viviendas llamado Starrett City, poseedor del título funesto de haber sido el punto de la ciudad con mayor tasa de defunciones. Ese parque, un enorme montículo que ofrece las vistas más extraordinarias de la ciudad, la bahía, el mar abierto, fue edificado encima de dos terrenos fiscales que llegaron a recibir, en su era más activa, ocho mil toneladas de residuos cada día, la mitad de la basura de Nueva York. Y ahora mismo está en curso el proyecto más ambicioso que la ciudad haya emprendido, en esta línea de planeamiento urbano, en mucho tiempo: el parque de Fresh Kills, en Staten Island, don-

de estuvo el basural más grande no sólo de Nueva York, sino de todo el planeta.

Comparado con ese proyecto faraónico, la colina que veía frente a mí no era nada. Como el parque Shirley Chisholm, confina con uno de los mayores complejos edilicios del país, Co-Op City. Cuarenta y cinco mil personas viven allí en un complejo de innumerables torres, testimonio imponente de las aspiraciones hace tiempo canceladas del movimiento cooperativista. Como gran parte de la población de ese lugar es de edad avanzada, era uno de los puntos que el Covid-19 devastaba. Una colonia de tanques de purificación me bloqueaba el paso hacia ellos, de manera que seguí en la dirección opuesta y llegué a una breve playa de barro y piedras negras donde desembocaba una corriente poco profunda proveniente de una boca de desagüe. El sitio era muy poco hospitalario, y el plano irregular y plagado de desechos no le ofrecía demasiadas oportunidades de reposo al caminante. Pero, por fortuna, en este paraje perdido, al cual nadie parecía haberle encontrado el menor uso, habían encallado (o alguien las había dejado allí luego de arrastrarlas) dos lanchas cubiertas de grafitis. Me metí en una de ellas. En el desorden del interior, vidrios hechos trizas, cables y tubos, pedazos de madera y metal formaban una malla tan densa y se asociaban de modos tan inextricables con las vistas parciales de la playa, que me fue dando un profundo letargo.

En el entresueño volví a la Morgue de Desastres #4. Recordé que el director de la Asociación Internacional de Expertos Forenses había dicho que «lo que se les ocurrió a los funcionarios neoyorquinos, estos depósitos refrigerados destinados a la conservación durante períodos extensos, va a constituir la nueva expectativa». Pero ¿la nueva expectativa de qué? ¿Cuán extensos pueden ser esos períodos? Y se me ocurrió que no es imposible en absoluto que en los años por venir estos establecimientos temporarios se vuelvan permanentes. La violenta reacción de los habitantes de Nueva York a la noticia de la multiplicación de los entierros en la isla de Hart, y el apuro de la municipalidad por buscarle alguna solución alternativa al exceso repentino de cadáveres me hacen pensar que la sensibilidad contemporánea no tolera su existencia; pronto será un sitio destinado a la memoria, y ya hay una iniciativa en curso para erigir el monumento a las víctimas de la pandemia precisamente allí. Tal vez el Servicio Penitenciario (que está a cargo de su administración) pueda encontrar un paraje más escondido donde establecer su sucesor, pero lo dudo: al municipio no le quedan territorios vírgenes por conquistar. Es un problema, especialmente porque las ordenanzas prohíben someter a los cadáveres anónimos, que puede que algún día alguien reclame, a la solución que normalmente adoptan hoy por hoy nuestros vecinos. Me refiero al recurso de los hornos.

En efecto, a nuestros muertos estos días rara vez los enterramos. Los incineramos, y después diseminamos las cenizas en el aire, el agua y el campo abierto, o las ponemos en urnas que vuelven más solemnes los salones y animan la sombra de los dormitorios. Es sorprendente: hace poco más de cien años la cremación era práctica de herejes, extremistas políticos, militantes anticlericales o fanáticos de la higiene pública. Consumir el propio cuerpo en una pira ardiente era un gesto de hostilidad a las enseñanzas de la Iglesia, de desprecio a las convenciones burguesas o de adhesión a estrategias sanitarias nuevas. Pero a partir de mediados del siglo XX la pérdida de legitimidad de las prácticas tradicionales, el perfeccionamiento de los hornos, el miedo a ser enterrado vivo y las constricciones financieras hicieron que la clase media global optara con cada vez más convicción por consagrarse a la arcaica potencia de las llamas. La costumbre se ha vuelto tan predominante que los cementerios ya son un poco una cosa del pasado, objetos de curiosidad antes que de sombría reverencia.

A los indigentes, los anónimos, las víctimas irreconocibles de accidentes que quedan a cargo de la morgue municipal no es posible cremarlos (a causa de la legislación que mencioné), pero como no hay dónde montar en el perímetro de la ciudad alguno de aquellos conventillos de ánimas, como nadie quiere saber nada de montoneras clandestinas de huesos que caigan al fondo de noches enterradas, el camposanto de otros siglos será pronto un congelador descomunal, una estructura no de pozos y senderos sino de pasillos y estantes, recorrido por el rumor no del viento sino de las usinas. Y de ese modo el destino final de los más pobres se parecerá menos al de los miembros de la clase media que a los de la nueva aristocracia. Porque los más ricos, los descendientes de aquellos empresarios que hace un siglo edificaban las magníficas tumbas de Woodlawn, sin duda se inclinarán cada vez más (ya lo hacen, especialmente billonarios vinculados al dominio tecnológico, como Peter Thiel, fundador de PayPal, maestro de las finanzas y promotor acérrimo de Donald Trump, o Elon Musk, pionero de los automóviles electrónicos y la exploración privada del Espacio) a alguna de las técnicas de conservación de materiales vivos a temperaturas muy bajas. La más conocida emplea las modalidades de la criogenia, que preserva el cuerpo con la esperanza de que tecnologías del futuro puedan reanimarlo. Muchos confunden esta técnica con el mero, vulgar congelamiento, pero no saben que para un cadáver helarse es desastroso. Cuando el frío convierte a los fluidos del cuerpo en escarcha, los vasos sanguíneos y los nervios se vuelven quebradizos; al menor temblor los tegumentos se agrietan; filosas escamas se desprenden de la superficie de músculos y órganos y se mueven sin ton ni son, cortando lo que encuentran. Por eso la criogenización no convierte al cuerpo en hielo sino en vidrio.

Supongamos que alguien está a punto de morir y ha establecido un contrato con alguno de los institutos que practican este arte (Alcor, en Arizona, o KrioRus, cerca de San Petersburgo). Cuando el cliente entra en fase terminal, un equipo de técnicos acude al sanatorio a esperar que se produzca el fracaso inevitable de los médicos. Entonces ingresan a la sala del difunto con sus máquinas. Comprueban que el corazón se ha detenido pero aún no ha comenzado a producirse el daño más temible: el deterioro del cerebro. Para ponerle un freno al vértigo del trance, sumergen el cuerpo en una batea repleta de agua helada, que hace la transformación más lenta. De inmediato le inyectan gas al paciente en los pulmones, le reactivan el corazón aplicándole en el pecho un artefacto pulsador y lo infunden con sustancias que previenen la descomposición de los tejidos. Concluida esta fase de estabilización, conectan las gruesas venas de los muslos a un dispositivo que al mismo tiempo que sigue enfriando al organismo va reemplazándole la sangre por una solución anticongelante. En este punto el paciente puede ser trasladado a su próxima estación, un laboratorio o un taller donde el paso decisivo se ejecuta: a través de incisiones en el pecho los técnicos acceden a las arterias principales y lo que queda de sangre es sustraído. Con los vasos conductores y las células colmadas de aquella sustancia que previene que se convierta en un bloque de hielo quebradizo, el organismo emprende la lenta trayectoria en dirección a aquellas zonas de la temperatura (por debajo de los ciento veinticuatro grados bajo cero) en que por fin se vitrifica.

En ese punto, el cuerpo no es estrictamente sólido ni exactamente líquido: su condición es la de un fluido cuya viscosidad se ha vuelto tan alta que las moléculas ya no pueden moverse, como si fueran pasajeros de un vehículo atestado (un *sólido amorfo* es el término que emplean los técnicos). Entonces el paciente (la comunidad ha expurgado de su vocabulario la denominación de «muerto») es sumergido en un cilindro colmado de hidrógeno líquido, a esperar que una ciencia futura sea capaz de rehacer el recorrido que va del vidrio a la carne. La posibilidad de éxito es puramente especulativa y en el mejor de los casos distante (aunque la técnica se emplea con regularidad para la conservación de sustancias vivas, y no hace mucho cierto laboratorio en Francia fue capaz de reanimar el cerebro criogenizado de un conejo), pero no veo por qué los que puedan pagar el procedimiento no vayan a emplearlo cada vez con más frecuencia. Por un lado, como los promotores de KrioRus o Alcor constantemente lo repiten, aun si la perspectiva de la resurrección es remota la única alternativa es la completa desaparición. Por otro lado, el procedimiento puede darles a los que lo consientan aquella experiencia de distinción que en el pasado encarnaban los grandes mausoleos y, sobre todo, el placer de anticipar la transformación del propio cuerpo en un volumen grácil y pulido, en una pieza rara, en una joya.

Hoy por hoy los sitios donde los cuerpos criogenizados se conservan son galpones banalmente utilitarios, pero es inevitable que a medida que la práctica se expanda una nueva clase de edificaciones funerarias sea concebida. Ignoramos, por supuesto, cómo serán. Pero podemos conjeturarlas semejantes a las que hoy existen para alojar colecciones de arte, como las sedes cúbicas y herméticas de la empresa Uovo en Brooklyn o la de la empresa Arcis en Harlem: edificios inexpugnables a los posibles ataques de la turba humana y los elementos, dotados de generadores que les permiten mantener las lámparas brillando aun si en la ciudad la luz se extingue y de dispositivos que establecen la atmósfera en el punto perfecto de tibieza y humedad, fortalezas donde se acumulan billones de dólares bajo la forma de una multitud incontable de obras de arte, piedras preciosas, reliquias y quién sabe qué otras acumulaciones de valor. En estos parientes próximos del PSAC II los coleccionistas pueden alquilar amplios depósitos de paredes impecables y pisos de cemento lustrado que en nada difieren de las galerías que frecuentan, donde pueden admirar sus adquisiciones y congregar

a sus amigos si quieren que las vean. Sitios así recibirán a los prósperos muertos criogenizados y a los que vengan a unirse a ellos en el trayecto sin final que han emprendido o a los que quieran visitarlos. De esa manera, el mundo redescubrirá las prácticas que alguna vez perfeccionaron los habitantes de la ciudad de Cerveteri, que construían en las tumbas antecámaras donde los vivos celebraban recitales, conciertos y banquetes. Es que –cito a D. H. Lawrence– «la muerte, para el etrusco, era una continuación placentera de la vida, con joyas y vino y flautas que acompañaban las danzas. No era ni un éxtasis de goce, un cielo, ni tampoco un purgatorio o un tormento. Era simplemente una continuación de la plenitud de la vida. Todo se disponía en los términos de la vida, del vivir». Y de repente imaginé que –emulando sin saberlo a aquellos precursores– acudirán a los panteones de la aristocracia los deudos de generaciones sucesivas, vestidos con atuendos de Prada o Hugo Boss, para ver a sus nítidos difuntos y frente a ellos levantar, al pulso de una música espiritual y electrónica proclamada por parlantes sigilosos, las copas que nunca se vacían.

Cuando reabrí los ojos en la playa negra del parque de Pelham noté que frente a mí había un objeto peculiar. Me pregunté si estaba vivo y cómo serían sus órganos. Me pregunté si habría concluido su desarrollo o estaría todavía en curso de formarse. También noté que por encima de la borda se veía una parte de la saliente del Bronx que se llama Rodman's Neck y más allá el extremo sur de la isla de la Ciudad, que era mi destino de esa tarde, destino finalmente abandonado, porque la noche estaba por caer, y un frío repentino me calaba hasta los huesos.

Niños, indigentes y demonios

El Gusano Conquistador en la Playa del Huerto. Un memorial de papel. La danza del muñeco pneumático. El descenso en espiral de Robert Moses. El último viaje de Edgar Allan Poe. La barca municipal de los muertos. Variaciones del Limbo. Por fin, la niebla.

Resuelto a no dejarme seducir por nuevos espejismos, a la mañana siguiente, muy temprano, reanudé la caminata desde el punto donde la tarde precedente me había ganado la fatiga. No

me detuve sino por un momento cuando atisbé desde el Puente de Pelham otro barco al parecer encallado en las aguas del breve río Hutchinson frente a un puente ferroviario en desuso, un vejestorio de 1907 abrumado por el óxido por encima del cual se elevaban un puñado de las treinta y cinco torres de Co-Op City que la United Housing Foundation, emblema del movimiento cooperativista, plantó hace medio siglo sobre un terreno que ocupaba Freedomland U.S.A., un vasto parque temático que comenzó con fuegos de artificio en 1960 y acabó en lágrimas después de cuatro años. Este complejo que abarca –además de las torres– un planetario, tres escuelas, trece cines y quince templos, esta masa cuyos cimientos atraviesan las capas de tierra húmeda, cenizas, guijarros y residuos vegetales que forman el frágil suelo para alcanzar la napa de roca que le ofrece una dosis de firmeza, este pueblo cercado por el agua y un cordón ancho de autopistas era por entonces la residencia de tres mil enfermos. No me detuve tampoco en los parajes que encontré un poco más allá, costas barrosas e idénticas sin duda a las de «la vieja isla que aquí había y que floreció una vez frente a los ojos de los marineros holandeses», aquel «fresco, verde pecho del mundo» que imaginaba Scott Fitzgerald. Seguí, en cambio, a través de extraordinarias arboledas hasta llegar al sitio que me había propuesto visitar como preámbulo lujoso a mi lúgubre excursión a la isla de la Ciudad: la Playa del Huerto, un balneario en el ángulo noreste de Nueva York. Recién entonces levanté la vista al cielo.

El espectáculo aquel día era glorioso: el tejedor de los telones celestiales había resuelto trabajar con fibras de todos los matices de gris, blanco y negro, combinando vapores de diferentes densidades y apilando velos sobre velos sobre velos. Corrientes enemigas habían confluido en esta terminal: se producían frecuentes y violentas alteraciones en la dirección del viento, forzando a las nubes a darse empujones cuyos impactos se anulaban entre sí, como los topetones de los aficionados en las tribunas de un estadio. Apariciones repentinas del sol desplomaban en el agua y la arena cargas de una luz que al rebotar se proyectaba sobre las superficies inferiores de las masas de vapor encendiendo lívidas antorchas.

La arquitectura que pueden ver en la fotografía que tomé es uno de los vestuarios edificados allí en los años treinta, cuando Robert Moses decidió crear esta «Riviera en el Bronx» (así le gustaba llamarla) en el límite mismo del municipio. Todo lo que había por aquí era una serie de prados atravesados por arroyos indecisos donde algunos vecinos de la zona habían improvisado una colonia de endebles cabañas que protegían con palos y porras de los invasores que traían canastas repletas de pollo frito, arroz y plátanos y mantas para celebrar descabellados picnics. Pero las cabañas fueron demolidas, los arroyos fueron cubiertos de cenizas y los combates cesaron cuando Moses, en su ambición de multiplicar los espacios de recreación en la ciudad, resolvió moldear esta porción de la costa del Long Island Sound con arena traída de las riberas del Atlántico hasta formar una media luna perfecta. Entonces circundó la media luna con una pasarela, dotó al conjunto de dos pabellones neoclásicos, extendió un estacionamiento para miles de automóviles, les permitió vender sus productos a unos pocos comercios escogidos e hizo que instalaran un pequeño tribunal en una comisaría próxima para que jueces de turno pudieran procesar *in situ* y sin demora a los responsables de los desórdenes que anticipaba.

Pero esos desórdenes jamás se produjeron; los agentes del caos potencial, los jóvenes del Bronx, se abstuvieron de concurrir a este club mediterráneo inaugurado en 1936 y siguieron emprendiendo el traqueteo de los fines de semana en dirección a Coney Island. A la Playa del Huerto iban los que no querían tomarse la molestia del largo viaje en tren que demandaba: los más viejos. Así, al parecer, son las cosas todavía. Dado lo anómalo de los tiempos de pandemia, no pude comprobarlo: en la hora que pasé recorriendo el lugar solamente vi una pareja de mediana edad vestida con ropa de gimnasia y una mujer joven que corría por la arena con su perro. Mejor que fuera así: la soledad favorecía la contemplación de los vestuarios concebidos por el arquitecto Aymar Embury II que forman el cuerpo central del complejo. He aquí una descripción reciente: «Embury consiguió un porte clásico empleando modernos materiales económicos: hormigón sobre todo, con detalles en ladrillo y terracota. Diseñó la estructura con la intención de transformar una visita a la playa en una experiencia épica. El complejo se compone de un pabellón central elevado y flanqueado por dos alas. Viniendo desde la ruta, los visitantes tienen que subir una escalera que lleva a la terraza central; solamente al llegar a esta terraza pueden ver el paisaje de cielo, mar y arena. Dos *loggias*, que se extienden como brazos que abrazaran el mar, enmarcan el panorama. Estos hemiciclos con galerías hacen eco a la curva de la playa artificial e incrementan el dramatismo del paisaje costero cuidadosamente perfeccionado». Es exactamente así. Y tengo que decir que el dramatismo era especialmente intenso, porque el día se había puesto tormentoso. La luz cambiante era perfecta para admirar el arreglo de las columnas que le dan al complejo (en palabras de Embury) «dignidad y un porte de nobleza», la capacidad de producir «un sentimiento de exaltación» a los que son, al cabo, edificios austeros y simples.

El sol que entresalía por las rasgaduras de la cortina de nubes impactaba en manchas irregulares los azulejos de terracota, destacaba las líneas en la pasarela de baldosas hexagonales y le daba un aspecto especialmente terso a la arena, marcada apenas por huellas de camión o de tractor. Pero el orden en la tierra contrastaba con el caos en el cielo, donde el frente de tormenta no paraba de crecer. De repente noté que, apartando a las otras nubes como un matón que se abriera paso en uno de esos trenes que iban rumbo a Coney Island, bajaba desde la altura y dominaba el escenario una forma fálica y violenta que daba la impresión de estar precipitándose sobre los vestuarios semicirculares con tal ímpetu que no tuve dudas de que iba a aplastarlos. Tenía las fauces entreabiertas y su forma tubular parecía iluminada por una lámpara o antorcha que llevara en su interior. Es «el Gusano Conquistador», me dije; es la criatura que Poe describe en un poema de 1843 incorporado en una de sus mejores historias, «Ligeia».

El poema comienza describiendo «una noche de gala en los postreros años dolorosos», una función que se despliega en un auditorio donde «una muchedumbre mística y alada, envuelta en velos y sumida en lágrimas» contempla una pieza teatral donde el terror y la esperanza bailan al compás de una orquesta re-

sollante, mientras balbucientes mimos disfrazados como dioses surcan el espacio, «van cambiando los telones a las órdenes de enormes cosas vagas» e impulsan con potentes aleteos calamidades invisibles. En el centro de este drama hay «un fantasma siempre perseguido por una multitud que, formando una ronda que no deja de volver al mismo punto, jamás lo alcanza». Y aquí acomete la criatura que antes mencionaba:

> ¡Pero vean, en medio de la mímica estampida irrumpe una forma que se arrastra! ¡Una forma púrpura viene retorciéndose desde afuera de la escena desolada! ¡Se retuerce! ¡Se retuerce! Con dolores mortales cada mimo se convierte en su alimento, y los ángeles sollozan cuando ven cómo se ensangrientan las garras de alimaña.
> ¡Ya se apagan! ¡Se apagan las lámparas! ¡Se apaga todo! Y sobre cada forma agonizante el telón fúnebre cae como se desata una tormenta, y los serafines, demacrados y lánguidos, ascienden mientras se develan y proclaman que la pieza es la tragedia «Humanidad» y el Gusano Conquistador, su héroe.

Se entiende mi perturbación al contemplar el descenso de la forma que venía retorciéndose por el cielo de la Playa del Huerto, resuelta a destruir el gran sueño de Robert Moses. Pensar que todos lo veían a él, el más eminente de los funcionarios, como una de esas «enormes cosas vagas» que mandan, secretas, en el mundo. Periodistas, intendentes y los vecinos que sus proyectos agobiaban lo consideraban la potencia invencible que continuamente iba cambiando los telones de su teatro personal de marionetas, el municipio de Nueva York, demoliendo barrios, abriendo rutas e impulsando con sus amplios aleteos a los pobres que terminaban en los *projects* y cabañas de los Rockaways, East Brooklyn o Mott Haven. Pero en verdad era apenas otro mimo disfrazado con los trajes de tres piezas que viste el Dios que reside allá en la altura, otro mimo ocupado en balbucear, murmurar y volar de un lado para otro, gobernado por cosas todavía más enormes y más vagas. O tal vez habría que decir, en su caso, «nadar de un lado a otro». Porque esa era su pasión: la natación. Su biógrafo y su más encarnizado crítico, Robert

Caro, consigna que todos los días, a pesar de sus mil obligaciones, Moses cumplía con la rutina de nadar. No importaba si el tiempo estaba calmo o tormentoso, tórrido o helado, en el menor momento libre se hacía llevar a la playa más próxima por su chofer particular. Apenas llegaba, «se ponía su traje de baño,

saltaba de la limusina, atravesaba corriendo la playa, revoleando una toalla con la alegría de un niño, se arrojaba en dirección de la rompiente, sorteaba las olas y nadaba tan lejos que sus hombres se quedaban moviendo la cabeza como signo de su admiración. A veces, camino a su casa en Thomson Avenue, por la noche, le decía a su chofer que lo llevara a Jones Beach, donde, después de una carrera a través de la playa desierta, nadaba en dirección a la distancia, completamente solo bajo las estrellas».

No era difícil imaginarlo en esta, su Riviera personal, desnudo, a la carrera a través de la playa despoblada, indiferente a la amenaza que gravitaba sobre sus pabellones, entrando en el Long Island Sound para nadar en dirección a la distancia, donde podría encontrar, por ejemplo, la costa de la isla de Hart, residencia de los muertos sin familia, los indigentes, los apestados que ni los enterradores consienten en tocar. Nadie ha mantenido una cuenta estricta de los cadáveres que en los últimos dos siglos han terminado allí, pero en general se supone que en su superficie de medio kilómetro cuadrado están los restos de un millón de difuntos. Debido a la densidad de población del sitio y a la erosión imparable de sus costas, todo el tiempo hay derrumbes de huesos que se ponen a flotar en el agua que Moses habría atravesado con la misma decisión con que los hombres de George Washington DeLong arrastraban sus botes y trineos, nadando hacia el centro imaginario del océano, apartando con sus brazadas poderosas los peces muertos, troncos a la deriva, manchas de petróleo e impertinentes fémures que se le presentaran.

La evocación del funcionario bajo su aspecto anfibio me había inducido a darle la espalda al descendente Gusano Conquistador, pero pronto me sentí impelido a girar sobre los talones para ver si la catástrofe se había consumado. Comprobé con alivio que aquel agresivo nubarrón se iba fusionando con otros semejantes, cuya tropelía se movía en dirección a Manhattan. Y, como si yo hubiera sido el momentáneo cuidador de los pabellones neoclásicos, sentí que recién ahora podía seguir en dirección a mi destino: hacia la isla de la Ciudad, desde donde esperaba ver aunque fuera un atisbo de la isla de los Huesos. El trayecto era corto y fácil: bastaba con caminar quinientos metros de costa entre árboles melodramáticos que se disparaban hacia el cielo, observado por las numerosas garzas, patos y gaviotas que reposaban en la playa o esperaban en algún tronco pelado a que se desatara la tormenta. En quince minutos me encontraba trasponiendo el breve puente que une la Playa del Huerto con la avenida que repite el nombre de la isla, donde esperan al viajero continuas referencias a la vida marítima: mascarones de proa que adornan el frente de las casas, restaurantes con nombres que remiten a los seres del océano, clubes de vela, comercios que venden anzuelos y lombrices, talleres de reparación de lanchas.

Una breve consulta de mi mapa confirmó que la avenida de la isla de la Ciudad, que atraviesa la extensión entera del distrito

y remata dos kilómetros más tarde en la Punta de Belden, que alguna vez fue un prestigioso balneario, me llevaría a la calle Dittmars, que baja hasta el punto de la costa donde está el venerable cementerio de Pelham, frente a las ruinas de la isla de los Huesos. Suponía que allí encontraría las lápidas de los viejos patriarcas y matriarcas de este territorio que primero fue un pastizal deshabitado y después un vasto criadero de ostras, la sede de varios astilleros, un destino para artesanos que no podían ya pagar los alquileres de Manhattan o Brooklyn, una residencia de marineros jubilados, el lugar de entrenamiento del equipo de remeros de la Universidad de Columbia y una colonia de restaurantes de pescados y mariscos donde los fines de semana van las familias de las partes prósperas del Bronx y los días hábiles parejas furtivas de amantes.

Mi objetivo era llegar al sitio donde reposan los restos de los ciudadanos ilustres del pasado de la comunidad, pero no bien había avanzado un par de cuadras me encontré con los rostros de los nuevos. La cerca de madera de un club náutico estaba cubierta de fotografías de varias personas, en general sonrientes, impresas en hojas de papel. Las columnas que formaban eran bastante regulares, a pesar de la ocasional disparidad de los tamaños. La retórica del conjunto era la de aquellos memoriales que los deudos improvisan en los sitios donde ha tenido lugar una tragedia. Pero hacía años que la isla no sufría una tragedia. En esta punta de difícil acceso desde la ciudad la gente hace tiempo que lleva una vida más bien plácida. ¿Era posible que este fuera un memorial que la comunidad estuviera improvisándole, con los procedimientos más baratos, a las víctimas del Covid-19? Porque la fragilidad del material de las imágenes, hechas en mero papel de imprimir, y el efecto de la humedad de la isla que sin duda las volvería ilegibles muy pronto, me hacían pensar que la instalación era muy reciente, que no estaba concluida sino abierta a recibir nuevos agregados.

Los rostros de estos patriarcas y matriarcas (y dos o tres adolescentes flacos y conmovedores) me capturaron en mil especulaciones que se prolongaron durante unos minutos que el viento aprovechó para incrementar su intensidad, y las frecuentes y violentas alteraciones en su dirección mareaban a las nubes, que toleraron el abuso hasta que un trueno precedió al chaparrón, y yo tuve que refugiarme en el alero de un establecimiento de comidas con el nombre muy apropiado de Vistamar. Estaba reponiéndome del sofocón de la corrida cuando me sobresaltó una aparición inesperada: uno de esos muñecos neumáticos de tela o plástico que se usan como anuncios en las rutas surgió desde atrás de una pared a pocos centímetros de mí. Yo estaba tan solo en la protección del breve alero, la calle estaba tan desierta y la aparición fue tan impetuosa y decidida que me pareció que el mensaje mudo que esta criatura pronunciaba estaba destinado solamente para mí: lejos de tomarme como el caminante pasajero al que le expresa su genérico, banal mensaje, me proponía un intercambio personal. Pero los gestos de la criatura me irritaban. Sus ampulosas brazadas me parecían especialmente inapropiadas ahora que a dos pasos de aquí estaban enterrando a cantidades de enfermos de Covid, como hace tres décadas enterraban a los pobres (latinos y ne-

gros, sobre todo, como siempre) que habían muerto a causa del sida, cuando los cementerios regulares no querían recibirlos, de miedo de que el virus saliera de las tumbas e infectara a los vecinos difuntos y terminara por matarlos de nuevo. En este contexto tan singular la risa impávida y los ojos muy abiertos denotaban menos euforia que locura, impresión que reforzaba la violenta irregularidad de los movimientos, que sin duda se debía a que el muñeco era impulsado por dos corrientes en conflicto. Por un lado, un ventilador en la base de su cuerpo tubular le provocaba el dinamismo ascendente que les vemos a sus semejantes en el borde de las rutas; pero al mismo tiempo el cambiante ventarrón lo arrastraba en direcciones laterales. El juego de las corrientes era enteramente impredecible, de manera que la coreografía que efectuaba no se parecía a ninguna que alguna vez hubiera visto, y no se sabía si expresaba dolor, felicidad, consentimiento al curso del mundo o resistencia a su loca agitación.

Era la segunda vez que una criatura cilíndrica, gusano o serpiente, interrumpía el curso de mi excursión, e intenté ignorar a este ser que persistía en metamorfosis cada vez más grotescas, como si pensara que nuevas y extraordinarias contorsiones me arrancarían del tedio que me daba. Era como si quisiera enseñarme con tontas maniobras didácticas lo que yo ya sabía: que vivíamos en un mundo de tubos: tubos que llevan el oxígeno y el virus a los pulmones y se acoplan a los tubos por donde pasa el gas que la empresa Airgas les provee a los intubados del Hospital de Elmhurst, del Hospital de Coney Island, de todos los otros hospitales donde los trabajadores de la salud se cubren con tantas capas de plástico que si no supiéramos que debajo de ellas hay seres vivos pensaríamos que son muñecos inflables que una corriente de aire hace flotar por los tristes corredores.

En un momento, como si quisiera agregarle un adecuado acompañamiento musical al burdo ballet de la criatura, un barco empezó a sonar su bocina de alarma. Y yo, hastiado del monótono espectáculo, decidí confrontar la lluvia y retomar el rumbo en dirección al cementerio de Pelham, sitio del cual les hablaré muy pronto. Pero antes déjenme que les cuente –ya verán por qué– algo que me sucedió más tarde, cuando fui a ver el Panorama de la Ciudad de Nueva York, un modelo detallado que incluye hasta el último callejón de la ciudad, una miniatura gigantesca que hoy exhibe sus cien metros cuadrados de madera, cartón, tela y metal en uno de los poquísimos pabellones restantes de la Feria Mundial de 1964, celebrada en Flushing Meadows, a dos pasos del centro de nuestra catástrofe de la primavera, los barrios de Elmhurst y Corona. Mencioné esta feria hace cien páginas, pero no dije que fue la roca en la que terminó por encallar la lancha que había transportado a Robert Moses durante las décadas de su trayectoria pública. Los tiempos de los grandes puentes, las olímpicas piscinas, las curvas playas, los complejos edilicios habían pasado, y el funcionario ya no conseguía vencer la resistencia a sus proyectos con la facilidad con que solía. En la década de los cincuenta quiso trazar una autopista que cortara en dos mitades la plaza Washington, trasponiendo su famoso Arco del Triunfo, pero los vecinos del Greenwich Village lo impidieron; quiso demoler una colina en el Central Park para expandir la playa de estacionamiento de un restaurante de lujo, y los vecinos del Upper West Side no lo dejaron. Todos sus planes de repente fracasaban. Informes en los mismos periódicos que antes lo habían celebrado ahora sembraban a la ciudadanía de dudas sobre su competencia y su honestidad. Él, como respuesta, arrojaba mandobles verbales en todas las direcciones, pero sus proclamaciones, que tan eficaces había sido durante décadas, no impidieron que una nueva generación de alcaldes, hostiles al estilo de funcionario de la cual era el máximo arquetipo, le fueran sustrayendo los títulos que había acumulado.

Esperaba que la Feria Mundial de 1964, de la cual fue nombrado presidente, le permitiera rehabilitar su prestigio. Los fondos que confiaba en recaudar alquilando a precios usurarios las parcelas de terreno donde naciones extranjeras y compañías nacionales deberían montar sus pabellones le permitirían expandir el parque de Flushing que él mismo había establecido en el antiguo Valle de Cenizas. También esperaba que la exposición demostrara las virtudes del modelo de desarrollo social apoyado en el progreso tecnológico y controlado por el saber de los expertos cuyo credo profesaba, y que los visitantes comprendieran la magnificencia que había alcanzado ese modelo en su propio planeamiento de la ciudad de Nueva York, que solía ser una mera nebulosa de ínsulas urbanas y él había convertido en una urbe coherente e integrada por los lazos de autopistas y puentes que se movían serpenteando entre bloques de impecables edificios y a través de las formas ameboideas de numerosos parques. Del vasto catálogo de artículos compuestos en acero y ladrillo que constituía su ciudad este panorama sería el índice y la clave; la inmensa maqueta, construida por doscientos artesanos, era un monumento a la visión que había orientado todas sus acciones a la vez que sería un instrumento para la educación de nuevos ciudadanos y para los planificadores del futuro. No dudaba de la potencia persuasiva de sus artefactos, que le permitirían prolongar las campañas que había librado en el pasado.

Pero la Feria fue un fracaso: los exorbitantes alquileres espantaron a los expositores; las atracciones eran pocas y demasiado austeras para el gusto popular; las irregularidades administrativas más pequeñas eran cruelmente amplificadas por los pasquines, que insinuaban que la organización era un nido de

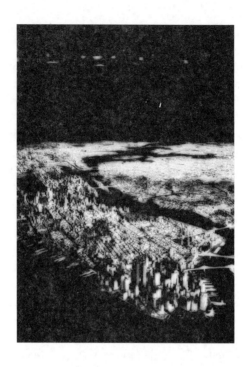

corruptos. El público no acudió en las enormes cantidades que Moses esperaba, provocando la debacle financiera de la organización, parcialmente aliviada solamente cuando en las últimas semanas los neoyorquinos, oscuramente conscientes de que estaban a punto de caer los telones del último espectáculo del Gran Constructor, le concedieron por fin las multitudes que durante dos años le habían negado. Y así se interrumpió la cadena de titánicos trabajos de Robert Moses, pero no las hazañas natatorias que siguió ejecutando en el mar que alcanzaba los escalones de su casa de Long Island hasta que en 1981 un ataque cardíaco, a los noventa y dos años, lo mató. Sucedió en el Hospital del Buen Samaritano del pueblo de West Islip, y desde allí lo transportaron al cementerio de Woodlawn, donde está su tumba. Pero a mí me gusta imaginar su final de otra manera: repitiendo cierta escena de 1933 que una secretaria suya nos relata:

A veces me parecía que su voz nunca paraba. Las frases surgían de él continuamente. Una vez fuimos a un lugar en el centro y él quería inspeccionar un estacionamiento subterráneo –para los camiones de basura o algo así– que estaba debajo de un edificio municipal. Quería saber si sería un obstáculo para los planes que tenía de hacer un parque allí cerca. Empezamos a descender una rampa en espiral y se volvía más y más oscuro mientras él seguía dictándome. En determinado momento la luz casi había desaparecido y yo veía que se hacía más y más oscuro mientras la voz seguía y seguía, hasta que finalmente tuve que exclamar: «¡Señor M! ¡Señor M! ¡Espere un minuto! ¡No puedo ver nada!».

El señor M, por supuesto, siguió su marcha descendente por la rampa en espiral, en dirección a los niveles más profundos de aquel estacionamiento subterráneo, como si fuera una reencarnación burocrática y moderna de una de las divinidades más antiguas: Inanna, la Reina del Cielo en el panteón de Sumeria, donde presidía a la vez sobre el sexo y la guerra, utilizando su múltiples poderes para sembrar la confusión y la desgracia entre aquellos que la desobedecían, masacrando rebaños y precipitando meteoros sobre las cosechas. En la más célebre de sus aventuras, Inanna emprende un viaje a Kur, el submundo donde los que fallecían seguían su vida como sombras y solamente podían comer y beber polvo. Su objeto era rescatar a un amante suyo de las garras de su hermana Ereshkigal, gobernanta del dominio. Cuando llega al portal del mundo de los muertos un guardián le abre, una por una, las siete puertas de las siete recámaras que –como sucede en «La máscara de la Muerte Roja»– conducen al recinto más profundo: en la primera, le quitan la corona que llevaba; en la segunda, le quitan su bastón de lapislázuli; en la tercera, es el collar; en la cuarta, las piedras brillantes que tiene en los pechos; en la quinta puerta, le quitan su anillo de oro; en la sexta, la pechera de metal, y en la séptima puerta la desvisten por completo. Así llega, desnuda, a la presencia de su hermana, y los siete jueces que la reciben la miran con la mirada de la muerte y le hablan con palabras que laceran. Inanna se convierte en cadáver, y el cadáver es colgado de una estaca. Pero el dios

Enki, al enterarse, conjura dos criaturas sin sexo, los arma con el agua y el alimento de la vida y los envía al rescate. Los emisarios rocían y alimentan sesenta veces al cadáver estacado y lo reviven, tras lo cual la diosa vuelve a su dominio y reinicia –acompañada por un tropel de difuntos, harpías y demonios– su interminable recorrido por los campos y ciudades de Sumeria.

Me gusta imaginar a Robert Moses alejándose por aquella rampa en espiral hasta que las tinieblas de un estacionamiento subterráneo lo convierten en una voz tronante que profiere órdenes indescifrables; me gusta pensar que al mismo tiempo se desnuda como lo hacía tantas noches en la playa, para entrar corriendo al mar. De su viaje, que no ha acabado todavía, nos queda, entre miles de otros rastros, el Panorama de Nueva York. Yo acudí a consultar este resumen de sus concepciones en el Museo de Queens, que lo expone en un espacio cavernoso donde juegos de luces proponen una simulación cromáticamente extravagante, en ciclos breves que acompañan una música de carrillón chinesco, de la alternancia del día y la noche. Fui desplazándome maravillado en torno de los ciento ochenta mil edificios de la maqueta por el alfombrado piso de un balcón que lo circunda y cuyo recorrido oval remata en el límite norte de la ciudad, donde el Bronx se transforma en el condado de Westchester. Tenía la legítima expectativa de encontrar en esta zona las extensiones de Laconia, el parque de Pelham, la Playa del Huerto y la isla de los Huesos. Pero vi, sobresaltado, que esta última no estaba. Frente a la isla de la Ciudad, que tenía algo de alimaña puesta en fuga por un repentino resplandor, no había otra cosa que un blanco tabique al que la luz le daba una cualidad como de papel de seda. ¿Era un telón, un velo, una pantalla? Considerando el rigor fanático de Moses parecía imposible que fuera un mero error. ¿Fue él quien tomó la decisión de excluir esta porción del territorio de su propio testamento? ¿Su presencia le habrá parecido inconveniente, bochornosa, innecesaria? ¿O algún funcionario de administraciones posteriores habrá ejecutado la excisión? No lo sé. Pero sí puedo confirmar que la muda afirmación del Panorama es incorrecta: la isla de Hart existe, a pesar de la erosión de las mareas que a veces se llevan

tajadas de tierra, roca y huesos, en la frontera misma de Nueva
York. Puedo confirmar que existe porque la vi tan pronto ingre-
sé en el cementerio de Pelham, del otro lado de una lengua de
agua, al parecer firme y quieta.

Este cementerio no es muy grande, y es un mal destino para
los amantes de las variedades más fantasiosas de la arquitectura
funeraria: allí hay apenas breves lápidas que marcan la posición
de los difuntos con nombres ingleses, alemanes, noruegos, italianos. Las primeras datan de mediados del siglo XIX; las últimas de
no hace más que unos meses. La breve necrópolis tiene algo
de balcón, y las lápidas, orientadas todas hacia la orilla, parecen
espectadores que asisten a una función de cine, circo o teatro. El
mojón más notable del lugar es una haya magnífica a la cual
parece que hubieran electrocutado para forzar el brote de hojas
tercas en las ramas que se abren en un histérico penacho. Junto
a esa haya me paré a ver si podía descubrir las tareas que, según
los informes que había leído, estaban realizando en el cementerio de la Ciudad, aunque sospechaba que la tormenta habría

obligado a suspender los sepelios. Sabía que no podría ver las fosas mismas: la isla de Hart es inaccesible, excepto por alguna visita esporádica que organiza para deudos certificados el Servicio Penitenciario, que está a cargo de la administración del sitio. En general son presos los que cavan las fosas colectivas, pero ahora que las cárceles eran pasto de las llamas del Coronavirus el gobierno de la ciudad había contratado a una empresa de jardinería que enviaba a sus renuentes empleados a disponer de los veinticinco o treinta cuerpos que llegaban a la isla cada día, algunos para quedarse y otros no (porque el sitio por entonces, en abril y mayo, funcionaba no sólo como destino final de anónimos o indigentes sino como depósito temporario de cadáveres que las morgues ya no podían alojar). De esa manera venían a agregarse al millón de difuntos que yacen en pozos en forma de trinchera capaces de alojar, cada uno, ciento cincuenta cajones de pino cubiertos de nombres, fechas y números que identifican sus cargas. Y digo «un millón» pero nadie conoce el número preciso, ni tampoco la composición exacta de esta sociedad que incluye numerosos niños (algunos dicen que estos forman la mitad de la población de la isla de Hart; otros dicen que son hasta dos tercios).

He visto fotografías del lugar, como ustedes pueden verlas si hacen una simple búsqueda en la red: yo no tengo para ofrecerles otra cosa que imágenes distantes. Pueden consultar también algunas filmaciones hechas por drones donde se ven los equipos de trabajo con sus amarillas máquinas cavando las fosas colectivas de la pandemia. Pueden ver esas imágenes recientes y algunas más antiguas: las fotografías de entierros de niños con sida tomadas por la fotógrafa Claire Yaffa en 1991 (porque aquí traían a muchísimos de los difuntos de esa otra plaga, que nadie más quería recibir) o las que tomó el más célebre Jacob Riis un siglo antes. Pero para mí son menos elocuentes que una descripción incluida en un artículo del *New York Times* de 1878, cuando la isla, que había sido la sede de un asilo para los apestados de fiebre amarilla, un campo de entrenamiento del ejército y, durante la guerra civil, una prisión militar para combatientes enemigos, recién empezaba a colmarse de tumbas colectivas. Se-

guiría haciéndolo durante décadas, mientras en torno edificaban algunos pabellones destinados a alojar a mujeres que el Estado, muchas veces incitado por sus esposos, había declarado lunáticas. Luego vendrían una escuela para pupilos indigentes, donde estos aprendían los oficios de la industria, una cárcel para presos viejos y una serie de institutos destinados a curar la adicción o el alcoholismo. Lo que no pudo abrir fue cierto «Coney Island Negro» proyectado por el empresario Solomon Riley, un nativo de Barbados que llegó a ser uno de los mayores propietarios de edificios de Harlem. Durante décadas tuvo la obsesión de construir un parque de diversiones abierto a clientes de color, que eran expulsados de los que existían. El primer paso en firme para cumplir su aspiración tuvo lugar precisamente en la isla de Hart, cuando adquirió la propiedad de una parcela que aún no pertenecía al municipio. Hizo construir un salón de baile, ocho residencias, una excelente costanera y una piscina flotante estacionada donde ahora estacionan las balsas del Servicio Penitenciario. Pero cuando anunció sus planes de comprar una flotilla de sesenta lanchas que llevaran y trajeran a los negros del Bronx, de Brooklyn, de Manhattan, los administradores de la isla se aterraron y, argumentando que su presencia favorecería la fuga de los internos de los institutos, forzaron al intendente a comprar el terreno, aunque a buen precio, y derribar lo que Solomon Riley había edificado.

El artículo del *Times* es extraordinariamente cuidadoso, y quisiera citarlo entero, pero ya sé que ninguno de nosotros tiene el tiempo de detenerse en estas piezas de época. Déjenme, sin embargo, que les diga que el anónimo autor empieza su aventura en la morgue, que por entonces, como ahora, estaba junto al Hospital de Bellevue. Un abúlico asistente está de pie frente a una alta pila de ataúdes, examinando los letreros que les han pegado en los costados. «No se trataba de féretros de palo de rosa –escribe el cronista–, o cofres de caoba, no eran combinaciones de raras maderas y caros satenes, adornadas con pequeñas manijas de oro y plata, sino la clase de ataúdes donde se entierra a los pobres: toscas cajas de pino, groseramente armadas de modo tal que puedan contener los cuerpos, algunas laqueadas de un rojo doméstico y barato; algunas deformadas por el sol en extrañas formas que en nada parecían de ataúdes, otras entreabriéndose ostentosamente y mostrando pedazos de sus espantosos contenidos; algunas quebradas y rotas, otras con una tabla demasiado corta y otra demasiado larga; y todas, o casi todas, manchadas de sangre y desagradables.» Junto a esta pila hay otra más pequeña y formada por los féretros de «los hijos de los pobres, los viciosos, los miserables, muchos de ellos recogidos en las calles en noches oscuras, sacados de barriles de ceniza o compasivamente arrancados del seno de madres que morían en hospitales atestados antes de que sus vidas de carencia y sufrimiento hubieran comenzado». En las cajas, como para estamparles un último signo de vergüenza, estaban escritos los nombres de calles pobladas de *tenements* o establecimientos aún más viles, sitios tan tenebrosos que el autor del artículo no siente pena al ver a estas víctimas sino el impulso de felicitarlas: letales potencias las han rescatado de un destino peor que haberse muerto.

Los bebés y niños en cajones de frutillas, los jóvenes criminales intactos o desfigurados que habían puesto en cajones burdos o adornados según su jerarquía en el mundo criminal y el resto de los desdichados sin otra denominación que un número cualquiera están a punto de salir para la isla de Hart. Son veinte féretros de adultos y veintiuno de crianzas que cuatro convictos apáticos y torpes apilan en la barca de los muertos, y una vez que han concluido empiezan la lenta navegación por la ruta que un cuarto de siglo más tarde siguió el desdichado vapor *General Slocum*. Los paseantes en la costa y los visitantes de las islas del East River que lo ven corren a ocultarse, y en los edificios ribereños las mucamas bajan las cortinas. Ningún vecino quiere ver ese cúmulo inestable de cajones, presidiarios, policías, marineros y una mujer joven cuya presencia parece inexplicable hasta que nos enteramos de que es una enfermera que va camino al Asilo de Lunáticos y, a pesar de la compañía, tiene presencia de ánimo suficiente para flirtear con uno de los maquinistas, matando de ese modo las dos horas que les lleva llegar a su destino. Pero en la playa rocosa de la isla de Hart nadie los recibe. «Todo lo que se veía –sigue el cronista– era una colina lamentable, un grupo de sauces en la distancia e interminables hileras de barracas de hospital, desoladas y baratas, de construcción ligera, como si estuvieran destinadas a ser incendiadas de repente.» Sin prestarle atención al territorio, la tripulación va descargando, con la ayuda de sogas y garfios, los féretros, con el descuido que a veces los convictos les prestan a los pobres, y los dejan en el punto designado para que la carroza fúnebre local los conduzca hasta su paradero: un páramo ventoso que emerge apenas de las aguas que salpican los cajones, donde presos cansados cavan dos trincheras. Ciento cincuenta cajones van en cada una, ciento cincuenta cajones con números impresos que son el privilegio de los féretros que contienen cuerpos individuales y más o menos identificados –porque otros que contienen cuerpos disecados o miembros sueltos que provienen de las escuelas de medicina y los hospitales no dicen nada.

El artículo del *Times* se cierra con una escena conmovedora y terrible. El autor ha encontrado dos tumbas con nombre en medio del anonimato (la de «Thomas Maxey, de quien los neoyorquinos se acordarán como del hombre cuya locura tomó una forma belicosa y que pasó los últimos años de su vida construyendo un fuerte en la punta de la isla de Blackwell y armándolo con un formidable cañón de madera»; la de una mujer de ciento doce años, la interna más vieja de los institutos municipales), y junto a ellas «un prolijo y pequeño lote circundado por un borde de pasto» en cuyo centro «hay una bonita cruz hecha con piedrecitas blancas de la costa» que flanquean dos tumbas recientes. Cada una de ellas aloja a un niño marinero. Fallecieron hace poco en una expedición del barco-escuela *Mercury*, «y aquí los enterraron, compañeros de navegación a bordo, lado a lado en la tumba, como si hubieran caído en el espantoso abismo tomados de la mano y ahora yacieran uno en brazos del otro. Están cerca del agua, tan cerca que por momentos, cuando alguna gran ola, hinchándose y rompiendo, se precipita sobre la costa, arroja una llovizna sobre las solitarias tumbas de los pequeños marineros náufragos». Y es probable que el cronista se concentre en esta escena porque evoca el último texto que Poe pudo concluir y uno de sus más populares en esos tiempos de finales del siglo xix:

la balada «Annabel Lee», donde cierto enamorado cuenta que en el reino costero donde vive había una niña llamada de ese modo con quien la vinculaba el lazo del amor más exclusivo, un amor tan excelente que los serafines del Cielo los envidiaban. Y por eso enviaron un viento que heló en un instante a la doncella, que fue enterrada en un sepulcro junto al mar. Pero la muerte no ha menguado la fuerza sublime de ese amor, y el poeta sigue viendo el perfil de su amada dibujándose en los rayos de la luna y el resplandor de las estrellas que lo llevan a acudir «a yacer junto a mi amada, mi vida, mi novia, en su sepulcro que está junto al océano, en su tumba junto al sonoro océano».

Ya no traen tantos niños como en aquel viaje del cronista del *Times*. Ya no traen tantos niños reales, como el primer bebé muerto de sida («Special Baby #1», dice la inscripción en su ataúd), ni ficticios, como Peter Pan, que fue inhumado aquí. No hablo del personaje mismo sino de Bobby Driscoll, la estrella adolescente cuyas poses usaron como modelo los dibujantes de la película que el estudio de Walt Disney –el mayor de sus admiradores y su más estricto preceptor– realizó en el año de 1953. También le dio su voz al legendario personaje, pero en pocos años le pasó lo que a otras precoces luminarias semejantes: con el avance de la pubertad y los cambios en la voz y la fisonomía las ofertas se fueron esfumando, Disney dejó de atender a sus llamadas, hasta que Bobby Driscoll se quedó, a los diecisiete años, sin trabajo y con la carga de una adicción a la heroína. En los años sesenta gravitó hacia la órbita de Andy Warhol, en una de cuyas películas hizo su postrera aparición, antes de extraviarse en no sabemos qué intrincado laberinto que desembocó en un edificio abandonado del Greenwich Village, donde dos niños exploradores lo encontraron en un cuarto donde no había nada más que un catre, algunas botellas vacías de cerveza y una pila de folletos religiosos.

Ya no traen tantos niños y bebés, pero yo sigo considerando la isla de Hart como el punto de ingreso al Limbo en la región. Pienso en el Limbo católico, donde los niños que no han sido bautizados son enviados a vivir una existencia feliz en la ignorancia de que hay Dios. Y pienso en cierto territorio destinado a los niños fantasma que el idioma japonés llama *Sai No Kawara*.

Hay diversas descripciones del lugar. La más angustiante se encuentra en un relato anterior al siglo XVI que narra el viaje de un noble que enviado por su monarca ingresa, a través de una cavidad en la ladera del sacro monte Fuji, a un mundo paralelo donde el día y la noche se confunden, a través del cual alcanza, en la orilla de un lago con agua de cinco colores, un palacio de plata donde vive un Bodhisattva que consiente en guiarlo por los estadios sucesivos del submundo. El primer estadio es el Infierno del Lecho del Río de los Niños, donde encuentran criaturas de siete u ocho años que muestran una expresión horrenda de dolor y aferran tensamente las manos de párvulos de tres o cuatro tan aterrados como ellos. El Bodhisattva le explica el espectáculo a su visitante: «Estos son niños que murieron sin compensar a sus madres por el dolor que les causaron durante nueve meses en su vientre. Tienen que sufrir en el lecho de ese río durante nueve mil años». Y, como si respondiera a las palabras de este guía, «un fuego ardiente arrasó la extensión, y todas las piedras explotaron en llamas. Como los niños no tenían ningún lugar adonde ir, se incendiaron hasta que todo lo que quedó de ellos eran huesos y cenizas. Pronto un número de demonios llegó gritando "¡Levántense! ¡Levántense!". Y golpeando el suelo con sus bastones retornaron a los niños a sus formas anteriores».

Esta escena es la más horrible que sea posible concebir. Pero hay una imagen más gentil del legendario sitio, repetida varias veces en los escritos sobre Japón del escritor griego e irlandés y americano y japonés Lafcadio Hearn, que la recogió en la última década del siglo XIX. En su versión de la leyenda, el Lecho del Río de los Niños está en una caverna, toda en tonos de celeste y gris, donde los infantes difuntos, cuya ocupación exclusiva es edificar torres de piedra, sufren la hostilidad constante de los Oni, demonios que los aterran y les derrumban los pilares recién concluidos. Pero tienen un poderoso protector: el Bodhisattva Jizo, que viste una túnica de mangas muy anchas tras las cuales las pequeñas víctimas pueden esconderse. Y los niños, para agradecerle al Bodhisattva su cuidado, le tiran en broma de las mangas y le edifican fantásticos pilares. Esta escena sucede día tras día, año tras año en el santuario que tiene la deidad en una caverna marina en cuyo interior hay una corriente de agua blanca que no deja de manar. Todas las noches –según Lafcadio Hearn escribe– «los fantasmas de los niños trepan la alta caverna y apilan frente a la estatua de Jizo pequeñas columnas de guijarros; y todas las mañanas pueden verse en la arena suave las pisadas de diminutos pies descalzos, los pies de los fantasmas infantiles. También dicen que en la caverna hay una roca de la que mana una corriente de leche, como si fuera del pecho de una mujer; y la corriente blanca fluye eternamente, y los niños fantasmas beben de ella».

Pienso también en aquel Al Aaraaf que le daba su título al primer poema de Edgar Allan Poe, escrito cuando era casi un niño, aquel «punto medio entre el Cielo y el Infierno» del Corán, que tenía la forma tradicional de un velo o una muralla. «Entre ellos –dice el Libro– habrá un velo, y en las alturas *(al-a'raf)* habrá hombres que conocerán a cada uno por sus señas. Invocarán a los compañeros del Jardín diciendo "la paz sea contigo". Y cuando se vuelvan a los compañeros del Fuego, dirán "¡Señor, no nos envíes a donde están los perversos!". Los hombres en la altura convocarán a otros hombres que conocen por sus señas y les dirán: "¿Qué beneficio te ha deparado tu avaricia y tu arrogancia?".» La tradición de intérpretes discrepa respecto a la identidad de los que habitan el tope de esa barrera hecha de tela, de ladrillo o de mosaico. El texto parece indicar que allí viven los lúcidos, los que esperan ser elevados al Paraíso, pero otros ven la figura de otro modo. El erudito Wallulah al-Dahlawi, en el siglo XVIII, decretó que en el A'raf residen aquellos que jamás recibieron el mensaje del Islam: los que viven en montañas remotas y «son como animales que no se orientan hacia Dios, ni para negarlo ni para confirmarlo», y también «la gente de deficiente inteligencia, como los niños, los locos, los granjeros y esclavos, es decir, todos aquellos que no pueden distinguir la verdad del error ni reconocer al Señor y adorarlo. Son como el agua sobre la cual no es posible imprimir nada».

Y no puedo mencionar el dominio intermedio de Al Aaraaf sin pensar en aquellos pasajeros del eclipse: los personajes de «Pérdida del aliento», «Revelación mesmérica», «Los casos del hecho del señor Valdemar», «La caída de la Mansión de Usher», «El coloquio de Monos y Una» y tantísimos otros textos cuya corriente desemboca en cierto poema cuya redacción el Maestro concluyó apenas unos días antes de salir en el viaje que terminaría con su muerte. Su esposa, su prima, su amor de siempre, Virginia Clemm, había fallecido hacía nada más que dos años, y había pasado casi un lustro desde su instalación en Nueva York. En 1844, la fecha en que alquiló dos cuartos en la granja que ocupaba el predio donde ahora se erige el edificio donde vivo, tenía la más completa convicción de que aquí lo esperaba una brillante carrera literaria, pero cinco años más tarde, harto de fracaso tras fracaso, tomó la decisión de abandonar la ciudad para siempre, ganado por la certeza de que el establishment cultural del norte jamás terminaría de adoptar a un escritor del sur como él, a un escritor tan extravagante como él. Partió en dirección de Richmond, su ciudad natal, el 29 de junio de 1849, desde cierta breve casa que alquilaba en Fordham, en el Bronx (la construcción aún existe, pero está tan cuidada, es tan de muñeca que yo prefiero imaginar la residencia última de Poe bajo la figu-

ra de una cabaña amenazada por una tempestad de ramas secas que encontré en mi última excursión). El escritor salió de Fordham exactamente seis semanas después de que el doctor Seth Greer bajara al sótano de un *tenement* en Orange Street, en el centro de la criminalidad y la pobreza de Manhattan, y entrara en un espacio diminuto donde había un solo mueble: una mesa fabricada con dos toneles y la puerta arrancada del oscuro y húmedo cubículo. El doctor Greer encontró, tendidos en el suelo sobre retazos de arpillera, a los cinco moradores del lugar: un cierto James Gilligan y las mujeres que tal vez fueran sus consortes. En el curso de las siguientes horas todos fallecieron. El cólera había llegado otra vez, como en 1832, a la ciudad.

Esta vez se expandió muy rápidamente al conjunto del país, a lo largo del curso de los trenes que llevaban hacia el oeste, donde las capitales regionales eran asoladas, e incluso afectaban a los pueblos pequeños como el Covid-19, saliendo de nuestras metrópolis, alcanzó los estados donde están las plantas procesadoras de carne, cuyos trabajadores ya no duermen en sótanos de *tenements* sino en galpones atestados de camastros. Ya no son los carniceros alemanes e irlandeses los que, en el cuasifondo de la escala social, se ocupan de procesar los pedazos. Ya no hay Fredericks de Bavaria desplomando sus cuchillos sobre animales caídos en la nieve. No hay irlandeses ni alemanes en cierto establecimiento que está en Sioux Falls, Dakota del Norte, donde en abril de 2020 se había declarado el brote más severo de la enfermedad en el país. Fue en una planta procesadora de productos porcinos que pertenece a Smithfield, el mayor productor de cerdo del planeta. El presidente Trump había declarado «esenciales» a los obreros frigoríficos, de manera que la compañía estaba en condiciones de forzar a sus casi cuatro mil trabajadores a concurrir a sus puestos habituales. Habían detallado la orden en documentos redactados en los ochenta idiomas que se hablan en el sitio, cuya fuerza de trabajo se compone sobre todo de refugiados e inmigrantes: de Myanmar, Etiopía, El Salvador, Congo, Nepal. Allí, de pie uno junto al otro, en el aire helado, estos operarios cortan, combinan y empaquetan, cada día, los pedazos de más de dieciocho mil cerdos. El agua de las mangueras impacta todo el tiempo las carcazas de los animales, que hay que lavar una y otra vez para evitar que vuelvan los microbios y los virus que transportan las nubes frías que recorren este espacio sin ventanas, donde todas las superficies son de plástico y metal. Todos, como es natural, tosen y se cortan, por la confusión, el cansancio y la velocidad de las maniobras.

En 1849, año del cólera, hombres armados apostados en los puertos a lo largo de los ríos impedían que los barcos descargaran a los enfermos que llevaban, y los que se morían eran arrojados directamente al agua, de manera que bajaban flotando por la corriente que los llevaba al mar. Tal vez Poe haya visto uno de estos cuerpos el 2 de julio, en Filadelfia, donde, de paso hacia Richmond, había terminado en la cárcel, preso por ebriedad. Una vez liberado acudió a la casa de un conocido suyo, pálido, enfermo y aterrado, buscando refugio y protección, porque estaba convencido de que un grupo de hombres lo perseguía. A la tarde su huésped lo llevó a un punto en la ribera del río Schuykill. Ascendieron una colina donde Poe se puso a hablar de las visiones que había tenido en la Prisión de Moyaneming –«incluyendo una alucinación en la que vio a la señora Clemm siendo desmembrada»– y de cierto sueño, donde una bellísima joven descendía de la torre de vigilancia del establecimiento y lo sacaba de su celda y lo llevaba en un vuelo por encima de los tejados, pero en determinado momento se convertía en un pájaro negro y declaraba que era el cólera. El 7 de julio Poe le escribía a la susodicha señora Clemm –su tía, la madre de su esposa, que vivió con ellos en el *cottage* de Fordham– para decirle que había contraído la fatal enfermedad, que temía que a ella también le hubiera pasado y hubiera fallecido, pero en caso de que no fuera así le pedía que viniera a verlo, así se morían los dos juntos. Pero no se quedó esperándola: recuperado, siguió camino en dirección a su destino. Siguió camino perdiendo constantemente la valija donde llevaba sus escritos en vehículos, hoteles y estaciones, y reencontrándola siempre por milagro. De sus últimas horas sabemos poco y nada: lo encontraron agonizante, desvestido y delirando en una calle de Baltimore, un día de elecciones nacionales, y falleció poco más tarde en un hospital público, pronunciando, con el último suspiro, un nombre: Reynolds, sin duda Jeremiah Reynolds, el mayor proponente de la hipótesis de la Tierra hueca, inspirador de la Historia de A. Gordon Pym, su única novela, y del trágico viaje de George Washington DeLong.

El poeta terminó enterrado en Baltimore, adonde alguna vez lo seguirá –si todavía no lo hizo– aquel Anthony que descubrió sus escritos en una calle de Mott Haven. Quiero creer que en ese sitio, una vez que los sentidos se le habían descompuesto, emergió en el seno mismo de la aquiescencia que es el tono emocional de los difuntos, y que allí sigue disfrutando de la compañía de los autócratas gemelos, el Tiempo y el Espacio, bañado por la oleada de las horas, sin sentirse ya impelido a ejecutar nebulosos proyectos literarios o a seguir con sus interminables caminatas por los distritos del norte de la ciudad, donde esperaba encontrar quién sabe qué forma inaudita de belleza o de horror. Lo imagino en la postura que describe «Para Annie», un poema que acabó apenas unos días antes del final.

¡Gracias a Dios! La crisis, el peligro ya han pasado –le declara el escritor a la mujer con la cual entabló una relación al parecer platónica y a la que le dedica su efusión. Por fin el enfermo se ha curado del mal fundamental, que es la fiebre de vivir. Es una pena que ya no le queden energías, que lo haya ganado una extenuación tan grande, una parálisis tan extrema que es posible que quien lo vea en el lecho donde yace suponga que está muerto. Pero ¿qué importa? Lo que importa es que los gemidos, los lamentos, los sollozos, los suspiros han cesado junto con el horrible palpitar del corazón, la náusea que enerva los tendones, la fiebre que quema el cerebro y el martirio que inflige la tóxica Pasión. Porque el poeta ha bebido de un líquido que mana, con el sonido de una canción de cuna, de una fuente que horada el muro de una caverna subterránea. Y si alguien dijera que el cuarto donde yace es tenebroso o que su cama es demasiado estrecha, él le respondería que es perfecta para el único descanso verdadero, que sucede cuando el espíritu se olvida de la vieja agitación y se sumerge en sueños de verdad y de la belleza de la amada que lo acaricia y lo pone a dormir sobre su pecho, que apaga las luces y extingue el fuego, que lo cubre y ruega a la reina de los ángeles que lo proteja. Luego se marcha, dejando al poeta en un éxtasis tan calmo que aquellos que lo ven se imaginan que está muerto.

Este poema está entre los más extraños que conozco: la amada es una madre que, después de darle el pecho a su pobre niño ya no tan afectado por la fiebre, lo acurruca y, rezando por él y apagando las luces, lo deja allí, feliz y muerto. Y no se extrañarán si les digo que aquel día en el cementerio de Pelham la imagen de este amante que imagina su propia defunción como la entrada en un lecho donde pasará una eternidad fundiéndose con los tejidos que lo cubren y las tablas que lo sostienen se combinaba en mi agitada mente con la de los minúsculos fantasmas que beben de una corriente de leche que mana de una hendidura en la roca de una caverna en el Japón. Y por un momento pensé que las excavadoras del Servicio Penitenciario alguna vez romperían, en su insistencia en encontrarles un lugar a los difuntos indigentes, la bóveda del hipotético recinto donde, debajo de las tumbas, infantes y adultos celebran sus ritos y fiestas, y quién sabe entonces qué fantásticas apariciones se alzarían por encima de la isla de los Huesos.

Ustedes se preguntarán por qué se me pusieron tanto en la cabeza estas cosas, si es que en Nueva York ya no fallecían tantos niños, si eran los ancianos en los asilos, los presos en las cárceles, los trabajadores en las plantas frigoríficas, las enfermeras en los hospitales quienes se morían. Pero cuando pienso en aquellas semanas de la pandemia tengo la sensación de que todos éramos niños. Niños gobernados por un niño malicioso, que de repente proclamaba que se podía curar la enfermedad inyectándoles a los enfermos cantidades masivas de desinfectante o exponiéndolos a proyecciones masivas de rayos luminosos. «¿Es posible hacer algo por medio de una inyección adentro o, no sé, una limpieza? –decía el presidente en una conferencia de prensa especialmente eufórica–. «Porque entra en los pulmones y hace un tremendo trabajo en los pulmones.» Y luego se preguntaba si era posible impactar el cuerpo entero con una tremenda luz ultravioleta o conducir la luz a su interior, «a través de la piel o de alguna otra manera», convirtiéndonos en símiles de aquel Gusano Conquistador que descendía sobre la Playa del Huerto. Todos éramos niños fantasmas, confinados en el limbo, observando el derrumbe de las columnas de guijarros que habíamos edificado, sin saber a quién pedirle ayuda, lastimándonos las plantas de los pies con las ruinas que pisábamos en nuestra carrera circular. Es que ya no venían peregrinos a nuestra altísima caverna, y nos faltaban sandalias tanto como camillas, máscaras, respiradores, batas para darles a las enfermeras así no tenían que ponerse más las bolsas de residuos que cortaban y cosían, extenuadas, en sus apartamentos. Éramos niños que empujábamos de un lado para el otro nuestros blancos camiones gigantescos y nos metíamos en nuestras carpas a jugar juegos cuyas reglas no habíamos tenido tiempo de aprender.

Noté que una sutil ondulación iba produciéndose en el cielo. Alrededor de los edificios del viejo asilo para mujeres, junto a los cuales esos días enterraban a los muertos de Covid, se levantaba

un aura clara comprimida por una banda muy oscura que parecía curvarse en el esfuerzo de resistir el avance de la luz. Encima de esa banda oscura se extendían manchas de aquel blanco viscoso que la lengua latina asociaba con la palabra *virus*. Y yo me pregunté si el lugar nos ofrecía una imagen hipotética de la túnica de Jizo; una encarnación del velo de Al A'raf que los difuntos de la isla (que después de todo son, sobre todo, «niños, locos, granjeros y esclavos») estuvieran ascendiendo en dirección a esa cima desde donde pudieran contemplarnos, para evaluar la condición de nuestro espíritu que nosotros no podemos comprender; o simplemente una versión especialmente lujosa, en gasas de variables tonos, de los juegos de luces que nuestras islas menores producían antes de que Robert Moses clausurara sus accidentales teatros.

Pero ya no les ofrecemos esos espectáculos a los vecinos y los visitantes: ya no enviamos nuestras sobras a las islas periféricas para que exploten en fuegos de artificio. Las islas de Ward y Randall ya no son aquella romería de pacientes psiquiátricos, inmigrantes huérfanos, jóvenes rateros y adictos indigentes: queda apenas el manicomio para asaltantes y asesinos y un par de refugios para *homeless*. La isla de Roosevelt, la primera de todas, no conserva ni eso: el viejo hospital para los enfermos de viruela forma el centro de un jardín donde almuerzan los programadores que trabajan en las empresas de informática que pululan por el sitio. Las playas del oeste de Coney Island, mundo de los asilos y los *projects*, son objeto de la codicia inmobiliaria de los ciudadanos prósperos. Los viejos basurales son prados de panzas pulidas; y es probable que corra un destino semejante la isla de Rikers cuando, tal cual lo ha decretado el Consejo Municipal, cierre todas sus cárceles y disperse a sus presos en una constelación de instalaciones menos opresivas. El reino de más de un siglo de la isla de Hart me parecía estar en riesgo: la Morgue de Desastres #4 acababa de inaugurarse, para aliviar de una porción considerable de su carga a la isla de los Huesos y permitir que se cumpla la muda profecía –«nunca habrás existido»– que enunciaba el Panorama de Nueva York en su cueva artificial de Flushing Meadows.

Como si otros navegantes quisieran presenciar conmigo el posludio de este desbordado enterradero varias embarcaciones se acercaron y echaron ancla en el brazo de agua que nos separaba. A medida que los anónimos espectadores ocupaban sus posiciones aquel aura clara que hace poco mencioné fue empujando las napas más pesadas y turbias por encima de nosotros, y su arco se expandió sobre el terreno donde yacían las

víctimas más pobres del Coronavirus, tal vez la última generación de difuntos que este estrecho roquedal recibirá. Noté que provenía del este, donde, más allá de la desembocadura del East River, está la península de Sands Point, con sus playas escuálidas, sus convencionales mansiones grotescas y los falsos castillos donde vivieron varios Guggenheim. La luz gélida y difusa venía envuelta en una niebla que iba cubriendo la isla de Hart como la lluvia de cenizas de los bombardeos sofocaba el Nápoles de Curzio Malaparte, socavando los contornos de los edificios y las arboledas hasta que impuso en esta frontera su dominio.

Y sin duda me comprenderán ustedes si les digo que la escena me hizo recordar una visión que tuve en aquella visita a la susodicha morgue, en cuyo portón pululaban los pájaros. Camino a casa me asomé por encima de una cerca para observar la planta de reciclaje de la empresa SIMS. Noté que frente a las magníficas instalaciones diseñadas por la arquitecta Annabelle Selldorf había una montaña de residuos pulverizados que descendía en línea directa de aquel monte Corona que solía dominar el Valle de las Cenizas de Queens, y me dio una gran satisfacción ver que la isla de Manhattan, que avanzaba llevando en su abrupta proa la Torre de la Libertad que se erige junto a los dos pozos sin fondo que conmemoran la catástrofe del 11 de septiembre, era alcanzada de a poco por una napa de espuma que las nubes simulaban, como si no se tratara nada más que de un barco de plástico o de goma que alguna pueril divinidad tuviera en su bestial bañera. O tal vez esa deidad

enigmática y doméstica estuviera envolviendo la ciudad en algodones, antes de ponerla en una caja de fósforos titánicos para llevársela a la casa, el palacio, la tienda o la cabaña que tiene en un distrito cualquiera del Empíreo, donde la dejaría en un estante en compañía de otras ciudades como ella, Venecia, Cerveteri, Alejandría, Ámsterdam. Parecía tan endeble como aquel día de marzo en que, después de semanas de padecimiento, atravesando el despoblado Central Park, creí que caminaba por un prado donde se erigían columnas de huesos apilados por adultos niños y amenazadas por anárquicos demonios, y la identidad de los dos momentos me llevó a conjeturar que tal vez nunca hubiera salido de mi casa, ni del dormitorio donde pasé semanas tan brumosas que no puedo recordarlas, ni siquiera de la cama donde alguna vez me invadió una extenuación tan extrema que quien me hubiera visto podría haber creído que no estaba enfermo sino muerto.

Nota bibliográfica

Sería tedioso para el lector que enumerara todas las fuentes que consulté en la elaboración de este libro. Me limito, entonces, a consignar el origen de las principales citas.

1. Todas las traducciones de Edgar Allan Poe –tanto como el resto de las fuentes en inglés– son mías. He empleado la edición crítica publicada online por la Edgar Allan Poe Society of Baltimore (https://www.eapoe.org), que también incluye el inapreciable *Poe Log: A Documentary Life of Edgar Allan Poe*, de donde he tomado el grueso de documentos e informaciones biográficas. El *paper* que cito al comienzo del capítulo fue publicado en julio de 2011 en la revista *Cognition;* su título es «More dead than dead: Perceptions of persons in the persistent vegetative state», y su autoría fue compartida por Kurt Gray, Y. Ann. Knickmann y Daniel N. Wegner. El libro del profesor Arnold J. Levine es *Virus*, y fue publicado por Scientific American en 1992. La fuente principal para seguir el curso de la pandemia en la ciudad estaba en el sitio web del municipio (https://www1.nyc.gov/site/doh/covid/covid-19-data.page).

2. El pasaje que describe aquel «agujero asqueroso y aberrante, rodeado de altas rocas» proviene de un libro de Catherine McNeur, *Taming Manhattan*. Cambridge, MA: Harvard U. Press, 2014. La descripción del *New York Evening Post* sobre el estado de los caminos en la epidemia de 1832 es citado por Charles E. Rosenberg en *The Cholera Years*. Chicago: Chicago U. Press, 1987 [1962], p. 35. Las citas de Franklin Graham aparecieron, sobre todo, en su página de Facebook, la de Pat Buchanan son reproducidas en Sarah Burns, *The Central Park Five*, Nueva York: Vintage, 2012; las de Donald Trump vienen de su

panfleto «Bring Back the Death Penalty. Bring Back our Police», publicado en varios periódicos neoyorquinos durante 1989. La versión de Ovidio es una retraducción mía de la traducción de las *Metamorfosis* al inglés de Rolfe Humphries.

3. De *La piel*, de Curzio Malaparte, cito la traducción de David Paradela López publicada por Galaxia Gutenberg. Las citas referidas a la influenza en 1918 provienen de Nancy K. Bristow, *American Pandemic. The lost worlds of the 1918 influenza pandemic*, Nueva York: Oxford U. Press, 2012. Las reflexiones de Giorgio Agamben están en *A ché punto siamo? L'epidemia come politica* (Macerata: Quodlibet, 2020), y las de W. J. Hannigan sobre la Morgue de Desastres #4 están en «Reckoning With The Dead: Journalist Goes Inside An NYC COVID-19 Disaster Morgue» (https://www.npr.org/sections/health-shots/2020/05/28/863710050/reckoning-with-the-dead-journalist-goes-inside-an-nyc-covid-19-disaster-morgue).

4. Las traducciones de *El Gran Gatsby* son mías; las ediciones son innumerables.

5. Las citas de Gore Vidal son de su artículo «Emperor of Concrete», publicado en el *New York Review of Books* de octubre de 1974.

6. La descripción de la costa sur de Long Island como «una vasta zona intermedia» se encuentra en Ted Steinberg, *Gotham Unbound: The Ecological History of Greater New York*, Nueva York: Simon & Schuster, 2014. La crónica de José Martí ha sido recogida en varias colecciones de sus ensayos y artículos. La breve cita de Fred Thompson está tomada de Woddy Register, *The Kid of Coney Island. Fred Thompson and the Rise of American Amusements*, Nueva York: Oxford U. Press, 2001; y la de cierto empresario sobre el Sendero de los Caballos Muertos de Gwenda Blair, *The Trumps. Three Generations of Builders and a President*, Nueva York: Simon & Schuster, 2016 (2.ª ed.).

8. Las citas en la sección sobre el viaje de George Washington DeLong provienen de Hampton Sides, *In the Kingdom of Ice*, Nueva York: Doubleday, 2014. Las de Jonathan Kozol están en *Amazing Grace. The Lives of Children and the Conscience of a Nation*, Nueva York: Random House, 1995. El poema de Bor-

ges consta en *Cuaderno San Martín*, de 1929. El texto de D.H. Lawrence sobre Banditaccia fue recogido póstumamente en 1932 en *Etruscan Places*.

9. La descripción de los vestuarios de la Playa del Huerto está tomada de Hillary Ballon y Kenneth T. Jackson, *Robert Moses and the Modern City*, Washington, DC: NEA, 2007. Las que conciernen a las corridas en la playa y el descenso al subsuelo de Robert Moses de Robert Caro, *The Power Broker*. El artículo del *New York Times* sobre la isla de Hart fue publicado en marzo de 1878 con el título de «In the Potter's Field; Burying the City's Pauper Dead» (https://www.nytimes.com/1878/03/03/archives/in-the-potters-field-burying-the-citys-pauper-dead-the-voyage-of.html). La traducción que he retraducido de «El cuento de la Cueva de Fuji» es de R. Keller Kimbrough: https://nirc.nanzan-u.ac.jp/nfile/2907. La versión de la leyenda que ofrece Lafcadio Hearn aparece en *In Ghostly Japan*, publicado en 1899. La cita que concierne al Pueblo de Al-Araf es del Shah Waliullah al-Dahlawi; pueden leer el texto completo en https://www.deoband.org/2010/12/theology-rulings/the-people-of-al-araf/.

Títulos publicados

Serie Narrativa